박정규 저

블록코딩과 아두이노 초급편

Block Coding & Arduino

Block Coding & Arduino
블록코딩과 아두이노

초급편

박 정 규 저

복두출판사

Prologue

기술이 급변하고 있는 제4차 산업혁명에는 제조업을 지탱하고 있는 하드웨어 제작기술과 소프트웨어 기술을 융합한 새로운 제품들이 탄생하고 있다. 소프트웨어기술이 발달하면 할수록 새로운 일자리가 탄생하면서 부가가치가 있는 일을 할 수 있는 반면에 하드웨어기술을 고집하는 업종에 종사하는 사람들의 일자리는 점점 사라질 것이라고 예측하고 있다.

특히 인공지능의 등장은 많은 사람들을 놀라게 하고 있으며 향후 어디까지 적용될지 기대가 되며, 제4차 산업혁명으로 인하여 새로운 제품 및 새로운 사업군이 등장할 것이다. 실질적으로 제조업 중심의 사업에서는 MES(제조실행시스템, Manufacturing Execution System) 및 스마트 팩토리(Smart Factory) 등을 기반으로 로봇과 3D 프린터를 사용하는 고객 맞춤형의 생산시스템이 등장하고 있다.

제4차 산업혁명에 관련한 기술들을 제조업에 적용하기 위해서는 핵심요소기술을 내재화할 필요가 있다. 따라서 제4차 산업혁명의 요소기술인 소프트웨어기술에 관심있는 학생, 중소기업 대표 및 재직 근로자, 직무전환 및 취업에 관심이 있는 사람이면 누구나 초보자라도 쉽게 각종 산업 및 일상생활에 사용되고 있는 스위치와 각종 센서의 신호를 읽어 들여서 LED 및 모터 등을 제어하는데 필요한 전기회로 구성 및 제어프로그램을 작성할 수 있는 능력이 요구된다.

따라서, 본 교재에서는 C++기반으로 개발된 오픈소스를 활용한 아두이노 IDE(통합개발환경, Integrated Development Environment)와 스크래치 2.0을 기반으로 하는 그래픽언어 mBlock을 사용하여 스위치 및 각종 센서로 부터의 정보를 수집하고 LED, DC모터, 서보모터 및 스테핑 모터를 제어할 수 있도록 다음과 같이 구성하였다.

제1장은 블록코딩에 관해서 기술한 것으로서 스크래치와 mBlock의 특징을 설명하고 mBlock의 설치방법과 블록코딩에 의한 간단한 프로그램을 작성하여 코딩에 대한 기본개념을 습득할 수 있도록 구성하였다.

제2장은 블록코딩과 LED제어에 관해서 기술한 것으로서 아두이노 보드를 사용하여 LED를 제어할 수 있는 전기회로 구성하고 mBlock을 사용하여 LED를 제어하는 블록코딩을 작성하고 이를 활용하여 아두이노 스케치 프로그램으로 변환시켜서 LED 점등을 위한 프로그램을 작성하고 실행한 결과를 기술하였다.

제3장은 스위치와 LED제어에 관해서 기술한 것으로서 스위치로 입력을 받아들여서 상황을 판단하고 상황에 맞는 출력을 내보내서 LED를 제어한다. 조건문을 사용하고 스위치 입력상태를 시리얼 모니터에 모니터링하도록 블록코딩하고 아두이노 스케치 프로그램을 작성한다.

제4장은 LED 밝기제어에 관해서 기술한 것으로서 소리와 가변저항을 사용하는 것과 AD(아날로그 신호를 디지털 신호로)변환, PWM(Pulse Width Modulation, 펄스폭변조) 제어기능을 활용하여 LED의 밝기를 블록코딩과 아두이노 스케치로 제어한다.

제5장은 센서와 모니터링에 관해서 기술한 것으로서 CdS센서를 사용한 조도측정, 초음파모터를 사용한 거리측정, 수분센서를 사용한 젖음측정, 온습도센서를 사용한 온도와 습도를 블록코딩과 아두이노 스케치로 측정하여 시리얼모니터에 출력한다.

제6장은 모터제어에 관해서 기술한 것으로서 서보모터의 정회전과 역회전, 직교좌표에서 관절좌표로 변환하는 좌표변환 알고리즘, 좌표변환에 의한 서보모터 2개 제어, 좌표변환에 의한 2개의 스텝모터 제어 등을 블록코딩과 아두이노 스케치로 작성하고 실행하여 시리얼 모니터에 회전각도를 나타낸다.

끝으로 이 책의 출판에 수고를 하여 주신 복두출판사의 사장님 이하 여러분들께 깊은 감사를 표하는 바이다.

저자 박정규 씀

CONTENTS

CHAPTER 1

블록코딩

최근에는 반도체 기술이 발달하면서 계산능력과 데이터의 저장능력이 급성장하여 제조산업에서 제4차 산업혁명으로 대전환기를 맞이하고 있다. 제4차 산업혁명은 소프트웨어기술이 중심이 되어 클라우드 컴퓨팅, 인공지능 및 사물인터넷(Internet of Things, IoT), 빅 데이터, 3D 프린터 및 로봇 등을 활용하는 제조시스템에서 발생한 데이터의 저장과 분석을 통하여 새로운 고객요구에 맞추는 융합제품을 탄생시키고 있다.

사람은 개인의 능력 차이는 존재하지만 스스로 주변 환경정보를 수집하여 상태를 인식한 후에 스스로 목적에 맞는 행동을 취하고 있으나 로봇과 같은 기계는 스스로 정보를 수집하고 목적에 맞는 행동을 취할 수는 없으나 프로그램을 통하여 명령을 수행할 수 있다. 사람은 단순한 반복 작업보다는 지식을 사용하는 일자리를 선호하게 되고 가급적이면 육체적인 노동을 피하고자 한다. 그러기 위해서는 필수적으로 로봇을 사용하든지 기계자동화를 통하여 단순 반복적인 노동은 로봇 및 기계가 하고 사람은 이를 조작하거나 명령을 만드는 일을 수행하도록 일자리가 창출되어야 한다.

그림 1.1은 제4차 산업혁명에 필요한 소프트웨어기술의 습득을 위한 블록코딩과 아두이노 보드와의 계통도를 나타낸다. 블록코딩은 미국의 MIT에서 개발한 스크래치를 기반으로 개발한 mBlock와 아두이노 온 스크래치, 이외에도 많은 블록코딩을 위한 소프트웨어들이 개발되어 있으나 본 교재에서는 편의상 mBlock을 기반으로 아두이노 보드와 연계하여 제어프로그램을 작성한다.

스크래치, mBlock과 아두이노 온 스크래치는 블록처럼 쌓아가면서 프로그램을 작성할 수 있으며, 직접 개발용 PC에서 실행하여 게임 소프트웨어를 개발할 수도 있고 C++ 언어 기반으로 작성하는 아두이노 IDE(Integrated Development Environment, 통합개발환경)와 연계하여 센서의 입력신호를 받아들이고 목적에 맞는 동작을 취하도록 출력신호를 내보내어서 솔레노이드 및 모터와 같은 것을 동작시킬 수 있다.

아두이노 IDE는 스크래치 및 mBlock과 같이 블록처럼 쌓아가면서 작성한 프로그램을 C언어로 변환하여 받아들이거나 C++ 언어를 사용하여 직접 프로그램을 작성하여 실행 파일을 만들어서 개발용 PC와 연결된 아두이노 보드에 업로드할 수 있다.

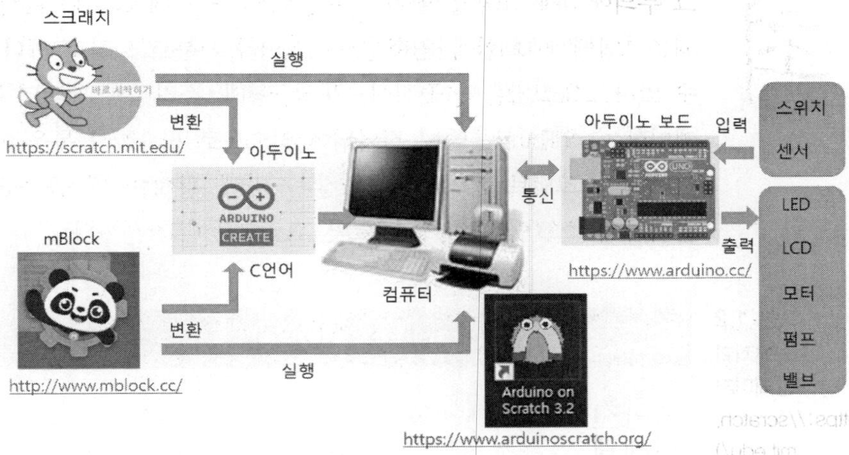

그림 1.1 블록코딩과 아두이노 보드의 계통도

아두이노 보드는 입력신호로서 스위치나 각종 센서의 정보를 받아들이고 출력신호로서 LED, LCD, 모터, 펌프 및 밸브 등의 동작을 제어할 수 있다. 입력신호를 사용하여 기계 및 주변의 환경정보를 입수하여 상태를 파악하고 목적에 맞는 명령을 생성하여 출력신호를 내보내서 목적을 달성하도록 한다.

1.1 스크래치와 mBlock

1.1.1 스크래치

스크래치는 미국의 MIT(Massachusetts Institute of Technology) 미디어랩에서 개발한 OS로서 레고블록처럼 쌓아가면서 프로그램을 작성할 수 있으므로 프로그래밍 초보자도 쉽게 사용할 수 있다.

그림 1.2는 스크래치의 홈페이지를 나타내며 웹상에서 온라인으로 접속하여 사용할 수 있고 게임 및 애니메이션 등의 창작에 유용하게 활용할 수 있으며, 예제 프로그램은 전 세계의 사람들과 공유할 수 있다.

그림 1.3은 스크래치의 실행상태를 나타낸다. 좌측 상단의 무대 창에 있는 고양이를 스프라이트(Sprite, 화면 표시에서 반복 이용되는 도형의 무늬를 등록하고,

그 무늬에 다른 그림을 겹쳐서 합성시키는 기능으로 고속 표시가 가능하며 연속되는 그림을 매끄럽게 움직일 수 있음)라고 부르고 좌측 하단의 창에서 호출할 수 있다. 스크립트 파레트에는 동작, 형태, 소리, 펜, 데이터 등 다양한 기능을 제어할 수 있는 블록들이 정의되어 있으므로 필요한 블록을 마우스로 클릭하여서 우측 스크립트 창으로 이동시킬 수 있다. 필요한 기능을 순차적으로 마우스로 클릭하여 스크립트 창에 쌓으면 프로그램이 작성된다.

그림 1.2 스크래치의 홈페이지 (https://scratch.mit.edu/)

그림 1.3 스크래치 실행

그림 1.4는 스크래치를 사용하여 아두이노 보드를 제어할 수 있는 S4A의 홈페이지를 나타내며, 홈페이지의 상단에 있는 다운로드 항목을 선택하여 S4A 소프트웨어를 설치한다.

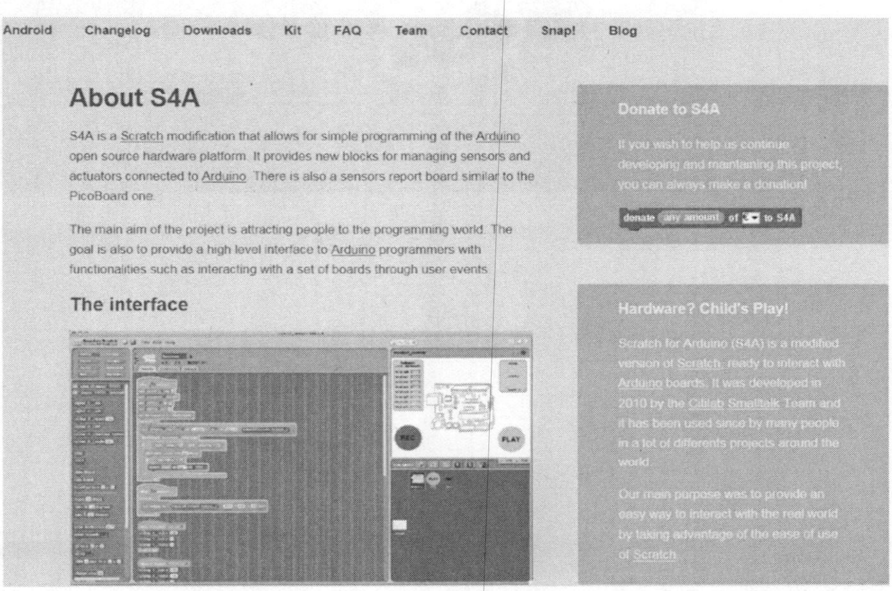

그림 1.4 아두이노를 사용하기 위한 S4A 홈 페이지 (http://s4a.cat/)

1.1.2 mBlock

mBlock은 미국의 MIT 미디어랩에서 개발한 그래픽 프로그래밍 언어인 스크래치 2.0을 기반으로 만들어졌으므로, 스크래치 2.0과 mBlock은 서로 호환이 가능하다. mBlock은 스크래치 2.0을 기반으로 한 오픈소스 프로그램으로서 스크래치 2.0보다 더 나은 확장 기능을 제공하며, Text 방식이 아닌 명령어로 이루어진 블록을 드래그 앤 드롭하여 프로그램을 작성하므로 컴퓨터에서 게임과 시각효과를 디자인할 수 있을 뿐만 아니라 아두이노를 기반으로 하는 프로그램을 작성할 수 있다.

그림 1.5는 mBlock의 홈페이지를 나타내며, 필요로 하는 프로그램을 다운로드할 수 있으며 예제 프로그램을 공유할 수 있다.

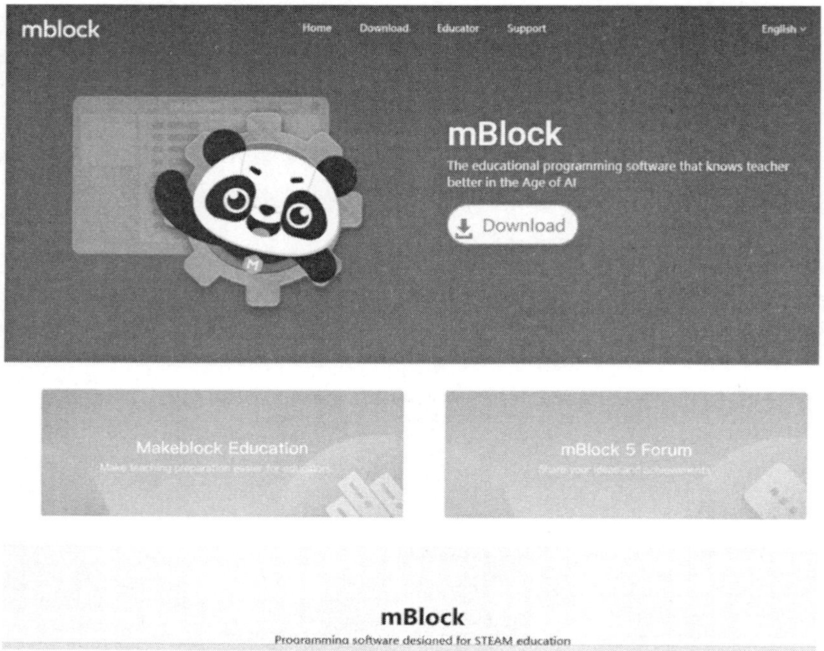

그림 1.5 mBlock 홈페이지 (http://www.mBlock.cc/)

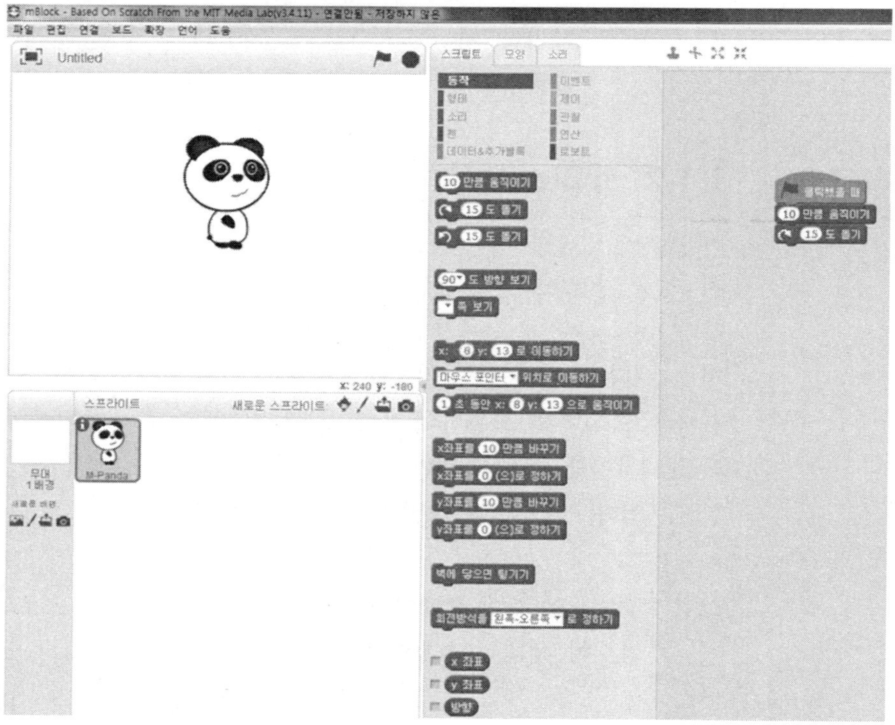

그림 1.6 mBlock 3.0 실행

그림 1.6은 mBlock 3.0을 설치하고 실행한 상태를 나타낸다. 좌측 상단의 창에는 스프라이트가 있으며 좌측 하단의 창에서는 스프라이트, 배경 등을 선택할 수가 있다. 스크립트 파레트에는 스크래치와 동일하게 동작, 형태, 소리, 펜, 데이터 등 다양한 기능을 제어할 수 있는 블록들이 정의되어 있으므로 필요한 블록을 마우스로 클릭하여서 우측 스크립트 창으로 이동시킬 수 있다.

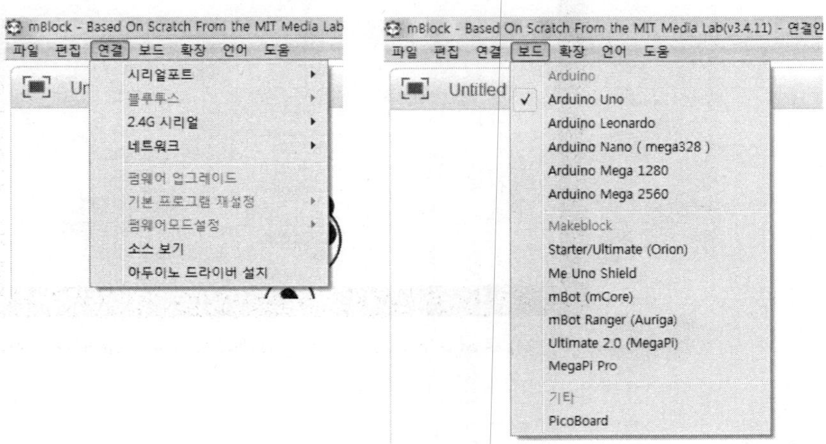

그림 1.7 mBlock과 아두이노 보드 연결

그림 1.7은 mBlock에서 아두이노 보드와의 연결방법을 나타낸다. mBlock에서는 연결 탭에서 시리얼 포트를 지정하고 아두이노 드라이버를 설치하는 기능이 있고 보드 항목에서는 아두이노 우노를 비롯하여 다양한 보드를 지정할 수 있다. 스크래치를 사용할 경우에는 별도로 S4A 소프트웨어를 설치해야하며 설치방법이 다소 복잡하다. 따라서 본 교재에서는 mBlock을 사용하여 작성한 프로그램을 아두이노 보드에 업로드할 수 있도록 구성한다.

1.1.3 아두이노 온 스크래치

아두이노 온 스크래치는 mBlock과 거의 유사한 기능으로 사용할 수 있으며, 사용상은 다소 편리하나 다양한 아두이노 보드를 사용하기에는 확장성이 다소 떨어진 블록코딩이다.

그림 1.8은 아두이노 온 스크래치를 다운로드 할 수 있는 홈페이지를 나타내며, 홈페이지에서 프로그램을 다운로드하여 설치한다.

그림 1.8
아두이노 온 스크래치 홈페이지(https://www.arduinoscratch.org/)

그림 1.9
아두이노 온 스크래치 블록코딩

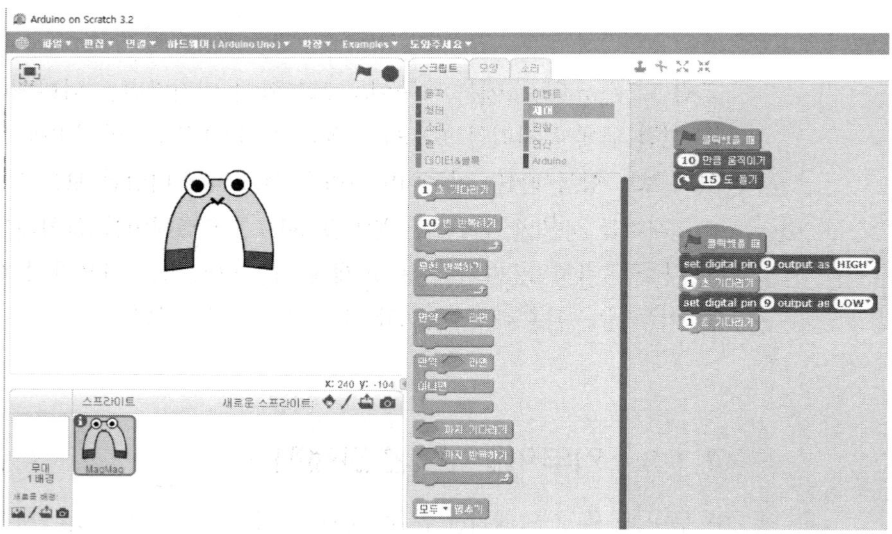

그림 1.9는 아두이노 온 스크래치에서 스프라이트를 움직일 수 있는 블록코딩과 디지털 9번 핀에 출력은 HIGH와 LOW의 신호를 내보내서 하드웨어를 제어하는 블록코딩을 나타낸다.

그림 1.10
아두이노 보드와 연결

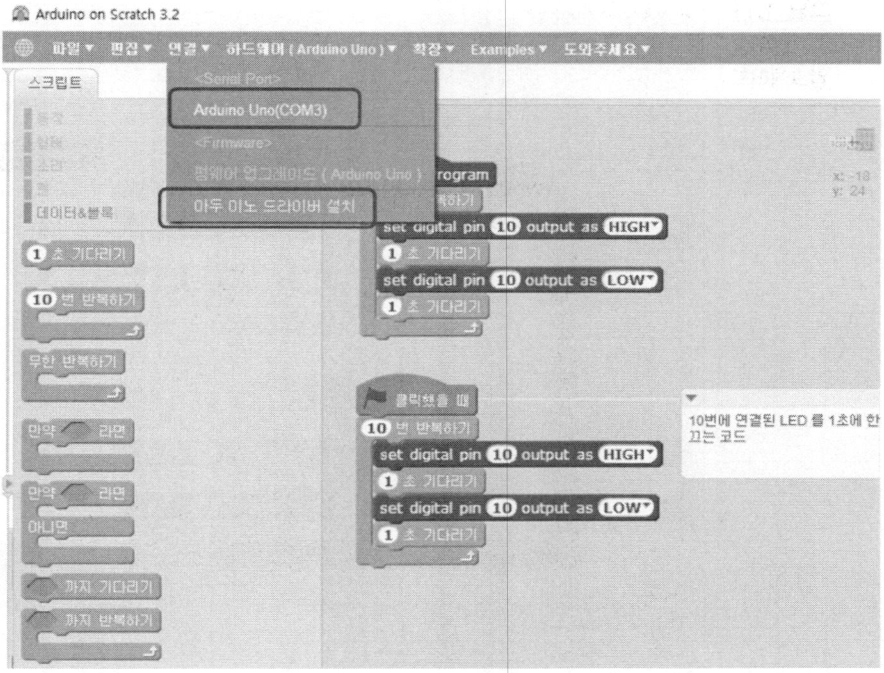

그림 1.10은 아두이노 보드와 연결을 위한 COM 3를 선택하는 것과 아두이노 드라이버를 설치하는 상태를 나타낸다. 아두이노 보드와 컴퓨터의 USB 단자를 접속하면 그에 해당하는 COM 단자가 나타난다.

그림 1.11은 아두이노 온 스크래치에서 작성한 블록코딩을 실행하기 위한 펌웨어 업그레이드를 나타낸다. 깃발 클릭했을 때를 사용하여 하드웨어를 제어하기 위한 블록코딩을 실행하기 위해서는 펌웨어 업그레이드를 반드시 실행하여야 한다.

그림 1.11 펌웨어 업그레이드

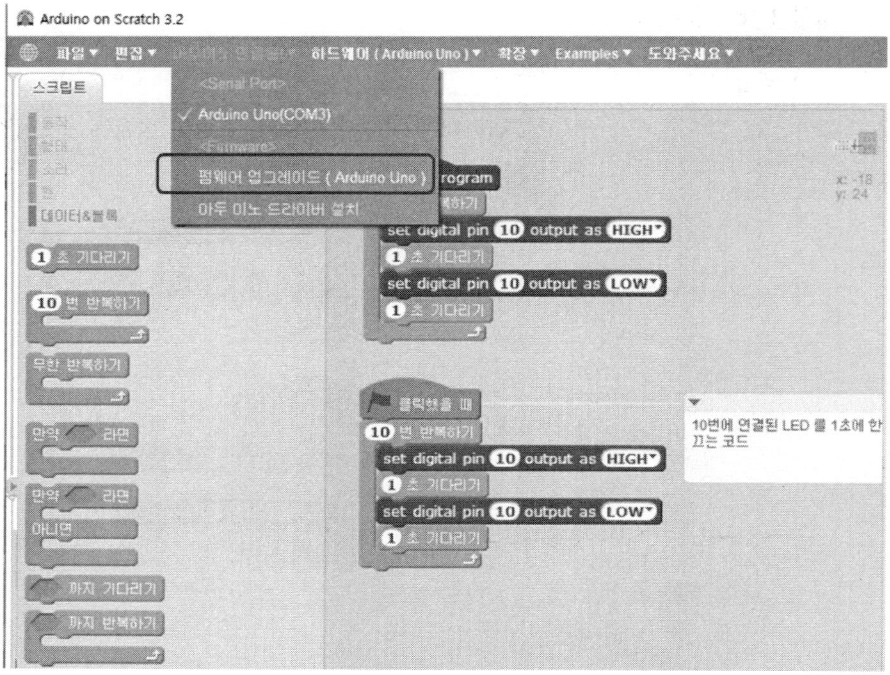

1.2 mBlock

1.2.1 mBlock 설치

그림 1.12는 mBlock의 홈페이지를 방문하여 소프트웨어를 다운로드할 수 있는 상태를 나타낸다. PC용 mBlock을 클릭하면 개발용 PC에 mBlock을 설치할 수 있다.

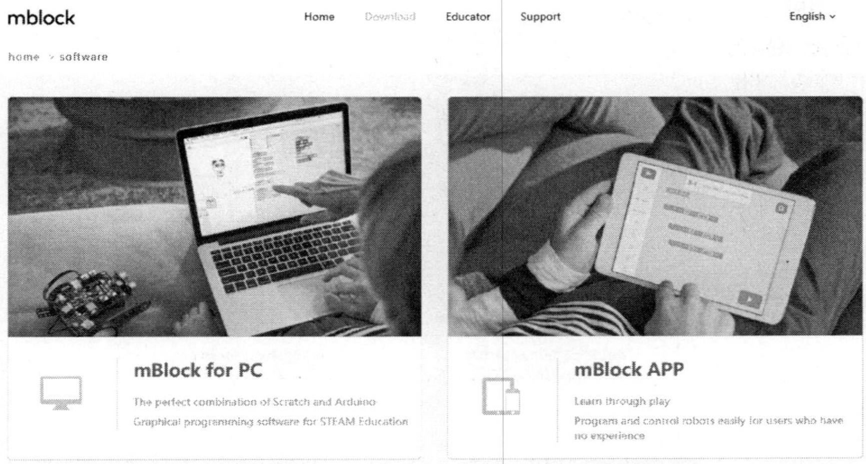

그림 1.12 PC용 mBlock 다운로드

그림 1.13 mBlock 버전 구분

그림 1.13은 mBlock 소프트웨어를 다운로드하기 위한 버전 선택을 나타낸다. 최근에 출시된 mBlock 5는 스크래치 3.0을 기준으로 개발된 것이고 mBlock 3은 스크래치 2.0을 기준으로 개발된 것인데 사용적인 측면에서는 mBlock 3을 이용하는 것이 유리하다. 따라서 본 교재에서는 mBlock 3을 다운로드하여 사용한다.

그림 1.14
mBlock 3의 OS 구분

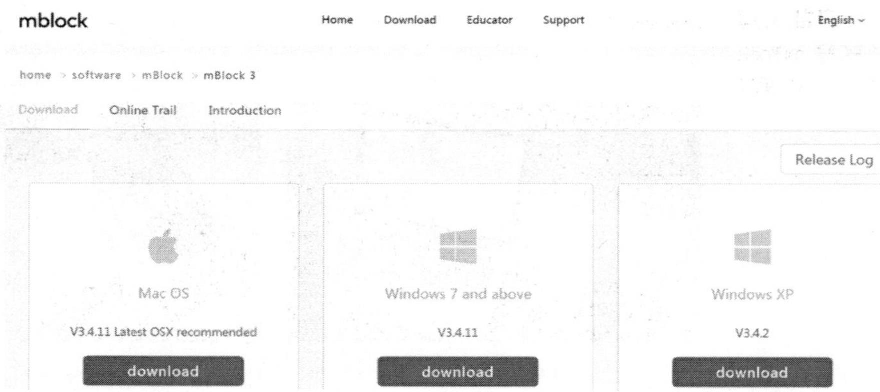

그림 1.14는 mBlock 3을 사용하기 위한 OS의 종류에 따라서 다운로드할 소프트웨어를 나타낸다. 본 교재에서는 Windows 7을 대상으로 설치방법을 설명한다. 소프트웨어를 설치하기 위해서는 다운로드를 클릭한다.

그림 1.15와 그림 1.16은 mBlock 3을 다운로드하기 위한 작업순서를 나타낸다. 다운로드를 클릭한 후에 다음의 순서로 작업을 진행한다.

① 언어선택에서 English를 선택하고 OK
② 라이센스 동의에서 accept the agreement를 선택하고 Next
③ 부가기능추가에서 Create a desktop을 체크하고 Next
④ 인스트롤 준비에서 Install을 선택하면 설치 시작
⑤ 설치가 종료되면 Launch mBlock 체크, Finish 선택

이상의 방법으로 mBlock 3을 개발용 PC에 설치하고 나면 판다 모양의 아이콘이 바탕화면에 나타난다.

그림 1.15
mBlock
다운로드 순서 1

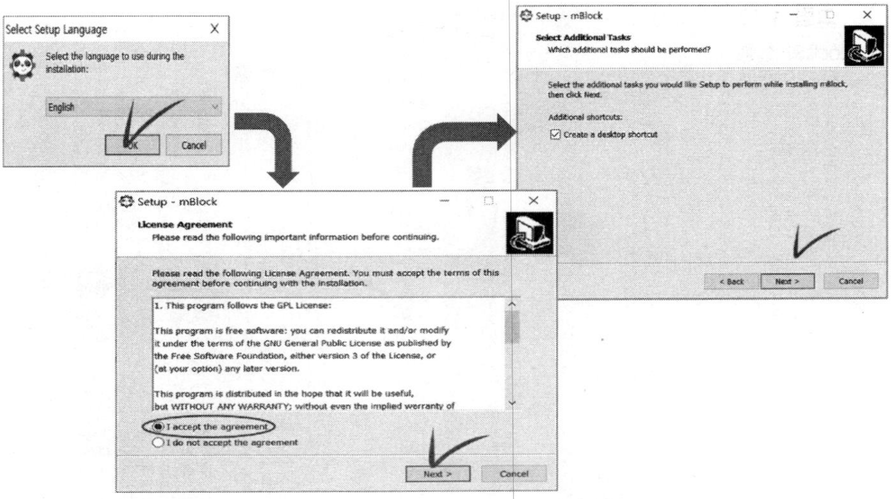

그림 1.16
mBlock
다운로드 순서 2

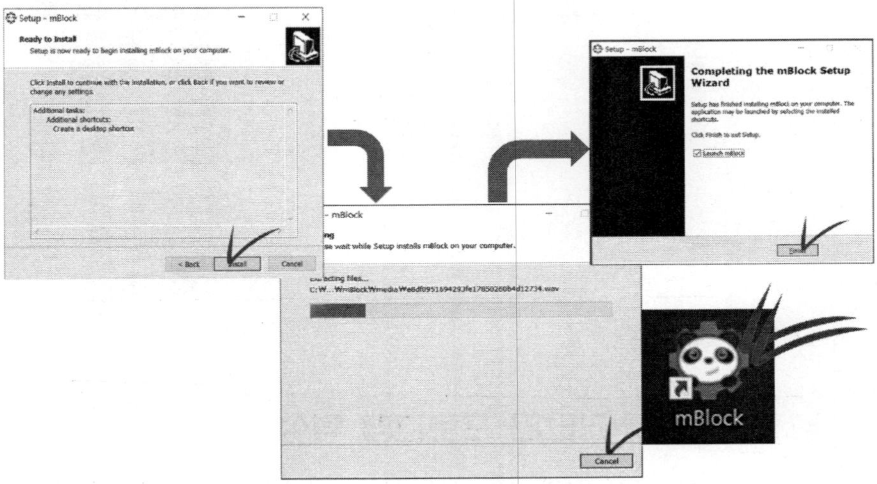

그림 1.17은 바탕화면에 있는 mBlock 아이콘을 선택하여 실행시킨 상태를 나타낸다. 메뉴의 화면이 영어로 나타나 있으므로 그대로 사용해도 되나 한국어로 바꾸기 위하여 메뉴에서 Language를 선택한다. 각종 언어를 선택할 수 있는 창이 나타나면 한국어를 선택하여 한글 메뉴를 사용한다.

그림 1.17
mBlock의 실행

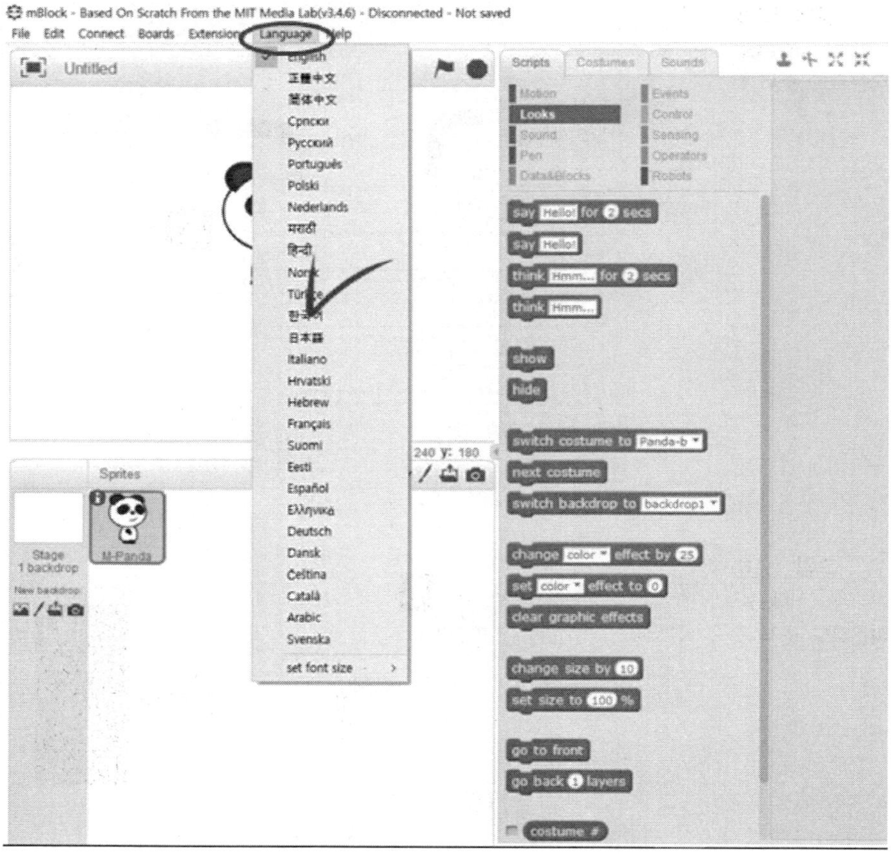

1.2.2 간단한 프로그램 작성

그림 1.18은 mBlock을 실행하고 언어 선택에서 한국어를 선택한 상태를 나타낸다. 좌측 상단의 무대 영역에는 판다 모양의 스프라이트가 있으며 좌측 하단의 창에는 새로운 스프라이트를 선택할 수 있는 아이콘과 무대배경을 변경할 수 있는 아이콘이 있다. 스크립트의 하부에는 파레트 영역이 있으며, 파레트에는 동작, 형태, 소리, 이벤트 및 제어 등의 스크립트를 선택할 수 있다. 각 스크립트를 선택할 때마다 색깔 표시가 다르게 나타나며 그에 해당하는 블록(명령어)들이 블록 영역에 나타난다. 각각의 항목마다 여러 가지의 기능을 가진 그래픽 블록(명령어)들이 정의되어 있으므로 필요로 하는 블록(명령어)을 마우스로 선택하여 우측 스크립트 영역에 위치시킨다.

그림 1.18 mBlock 한글 메뉴

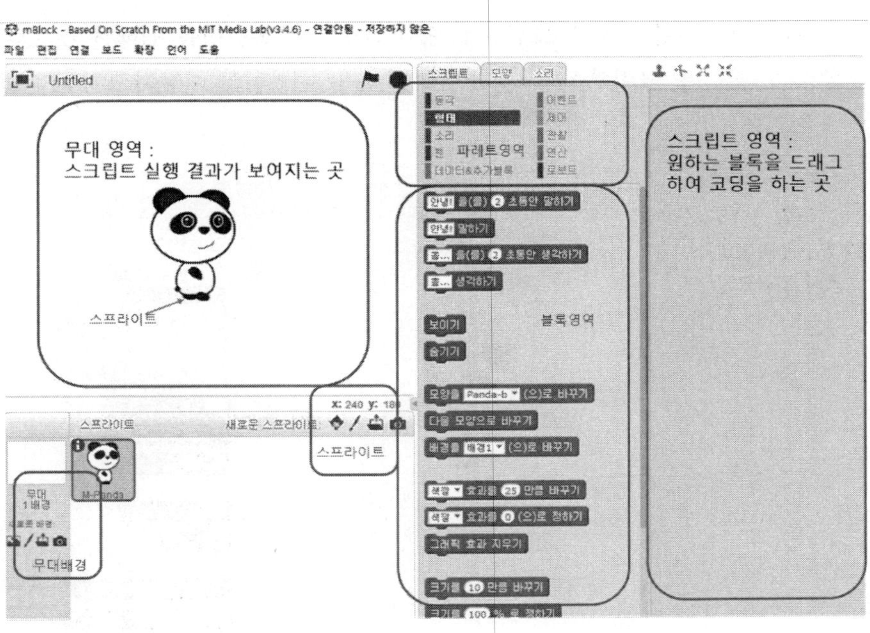

예제 **1.1** 깃발을 클릭하면 판다 스프라이트가 50 [픽셀]만큼 움직이고 시계방향으로 90 [°] 회전하도록 블록코딩을 하라.

✔풀이

그림 1.19는 판다 스프라이트의 동작을 제어하기 위하여 간단하게 작성한 프로그램을 나타낸다. 마우스로 깃발을 클릭할 때마다 판다 스프라이트는 50 [픽셀] 이동하고 90 [°] 회전하는 프로그램을 작성하기 위해서 다음의 순서로 작업을 수행한다.

① 이벤트 스크립트를 선택
② "클릭했을 때"를 마우스로 클릭하여 스크립트 영역에 위치시킴
③ 동작 스크립트를 선택
④ "10만큼 움직이기"를 클릭하여 "클릭했을 때" 블록 밑에 접속
⑤ 숫자 10을 50으로 변경
⑥ "15도 돌기"를 클릭하여 "50만큼 움직이기" 블록 밑에 접속
⑦ 숫자 15를 90으로 변경

이상의 작업으로 스프라이트의 동작제어 프로그램 작성이 완료되었으며, 스프라이트가 프로그램대로 동작하는지를 확인하기 위해서는 "클릭했을 때" 블록을 마우스로 클릭하면 클릭할 때마다 이동과 회전을 반복한다. ∎

그림 1.20은 그림 1.19에서 작성한 블록코딩을 실행한 것으로서 마우스로 깃발을 클릭하여 판다 스프라이트가 50 [픽셀] 이동하고 90 [°] 회전한 실행상태를 나타낸다.

그림 1.19
판다 스프라이트 동작 블록코딩

그림 1.20
판다 스프라이트의 동작 블록코딩 실행

예제 1.2 깃발을 클릭하면 판다 스프라이트가 50 [픽셀] 만큼 움직이고 시계방향으로 90 [°] 회전하고 1 [초] 대기하는 것을 4번 반복하는 것을 1 사이클로 하고 이 과정을 10 사이클 반복하는 블록코딩을 하라.

✔풀이

그림 1.21은 판다 스프라이트가 50 [픽셀] 이동, 90 [°] 회전, 1 [초] 대기를 4회 반복하는 것을 1사이클로 하고 이러한 과정을 10사이클 반복하는 프로그램을 나타낸 것이다.

① 스크립트에서 이벤트 파레트를 선택
② "깃발 클릭했을 때"를 클릭하여 스크립트 영역에 위치시킴
③ 스크립트에서 제어 파레트를 선택
④ "10번 반복하기" 클릭하여 스크립트 영역의 "깃발 클릭했을 때"의 블록 밑에 위치시킴
⑤ "10번 반복하기" 클릭하여 "10번 반복하기" 블록 내부에 위치시키고 10을 4로 변경
⑥ 스크립트에서 동작 파레트를 선택
⑦ "10만큼 움직이기" 클릭하여 "4번 반복하기"블록 내부에 위치하고 숫자 10을 50으로 변경
⑧ "15도 돌기" 클릭하여 "50만큼 움직이기"블록 밑에 접속
⑨ 숫자 15를 90으로 변경
⑩ 스크립트에서 제어 파레트를 선택
⑪ "1초 기다리기" 클릭, "90도 돌기"블록 밑에 접속

위의 과정으로 블록코딩이 완성되었으므로 스크립트 영역에 있는 깃발 클릭했을 때를 마우스로 클릭하면 판다 스프라이트는 50 [픽셀] 이동하고 90 [°] 회전, 1 [초] 대기를 4회 반복하는 과정을 10회 반복하여 움직이는 것을 무대 영역에서 확인할 수 있다. ∎

그림 1.21 반복하기 블록코딩

예제 1.3 한 변의 길이가 50 [픽셀]인 정사각형 4개를 50 [픽셀] 간격으로 판다 스프라이트가 이동하면서 그리는 블록코딩을 하라.

✔풀이

그림 1.22는 판다 스프라이트가 50 [픽셀] 이동, 90 [°] 회전, 1 [초] 대기를 4회 반복하여 정사각형을 그리고 정사각형의 간격을 50 [픽셀]인 4개를 그린 블록코딩과 그 실행상태를 나타낸다. 블록코딩의 순서는 다음과 같다.

① 스크립트에서 이벤트 파레트를 선택
② "깃발 클릭했을 때"를 클릭하여 스크립트 영역에 위치시킴
③ 스크립트에서 제어 파레트를 선택
④ "10번 반복하기" 클릭하여 스크립트 영역의 "깃발 클릭했을 때"의 블록 밑에 위치시키고 10을 4로 변경
⑤ "10번 반복하기" 클릭하여 "4번 반복하기" 블록 내부에 위치시키고 10을 4로 변경
⑥ 스크립트에서 펜 파레트를 선택하고 "펜 내리기" 클릭하여 "4번 반복하기" 블록 내부에 위치
⑦ 스크립트에서 동작 파레트를 선택
⑧ "10만큼 움직이기" 클릭하여 "펜 내리기"블록 밑에 위치하고 숫자 10을 50으로 변경
⑨ "15도 돌기" 클릭하여 "50만큼 움직이기"블록 밑에 위치하고 숫자 15를 90으로 변경
⑩ 스크립트에서 제어 파레트를 선택하고 "1초 기다리기" 클릭하여 "90도 돌기"블록 밑에 접속
⑪ 스크립트에서 펜 파레트를 선택하고 "펜 올리기" 클릭하여 "4번 반복하기" 블록 밑에 위치
⑫ 스크립트에서 동작 파레트를 선택하고 "10만큼 이동하기" 클릭하여 "팬 올리기"블록 밑에 위치하고 10을 100으로 변경

위의 과정으로 블록코딩이 완성되었으므로 스크립트 영역에 있는 깃발 클릭했을 때를 마우스로 클릭하면 판다 스프라이트는 50 [픽셀] 이동하고 90 [°] 회전, 1 [초] 대기를 4회 반복하여 정사각형을 그리고 100 픽셀 이동하여 다시 정사각형을 그리는 것을 확인할 수 있다.

그림 1.22
정사각형 4개 그리기 블록코딩

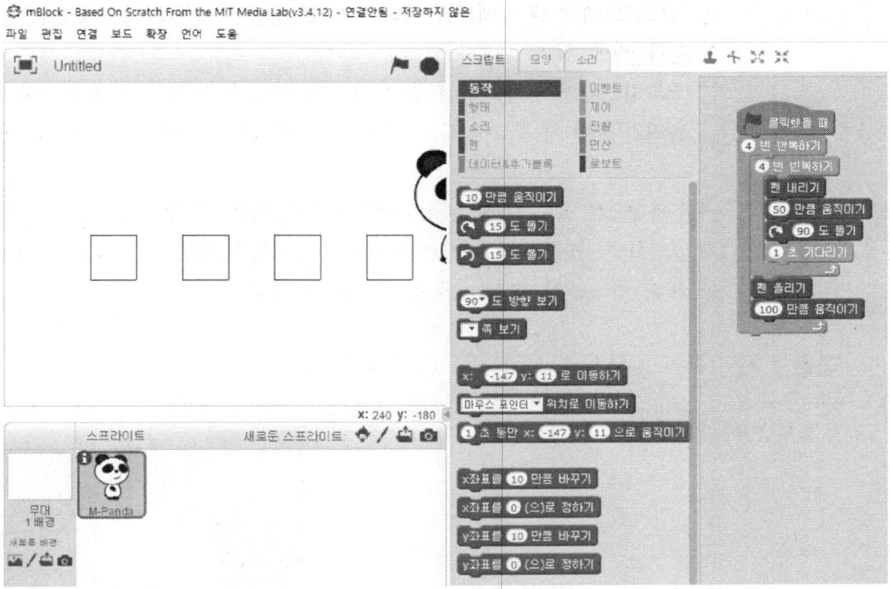

예제 1.4 판다 스프라이트가 무작위의 위치에서 시작하여 (x, y)방향으로 (0, 0), (100, 100), (−100, 100), (100, −100), (−100, −100), (0, 0)의 순서로 모양을 10회 그리는 블록코딩을 하라.

✔풀이

그림 1.23은 판다 스프라이트가 무작위의 위치에서 시작하여 (x, y)방향으로 주어진 만큼 이동하면서 모양을 10회 그리는 블록코딩과 그 실행상태를 나타낸다. 블록코딩의 순서는 다음과 같다.

① 스크립트에서 이벤트 파레트를 선택하고 "깃발 클릭했을 때"를 클릭하여 스크립트 영역에 위치시킴
② 스크립트에서 제어 파레트를 선택하고 "10번 반복하기" 클릭하여 스크립트 영역의 "깃발 클릭했을 때"의 블록 밑에 위치
③ 스크립트에서 펜 파레트를 선택하고 "펜 내리기" 클릭하여 "10번 반복하기" 블록 내부에 위치
④ 스크립트에서 동작 파레트를 선택하고 "1초 동안 x, y으로 움직이기" 클릭하여 "펜 내리기" 블록 밑에 위치하고 x위치에 0, y 위치에 0을 입력하여 원점을 지정
⑤ 다시 "1초 동안 x, y으로 움직이기" 복사하여 그 밑에 위치하고 x위치에 100, y 위치에 100, 다음 순서로 x위치에 -100, y 위치에 100, 다음 순서로 x위치에 100, y 위치에 -100, 다음 순서로 x위치에 -100, y 위치에 −100, 다음 순서로 x위치에 0, y 위치에 0을 입력하여 주어진 모양을 그림

⑥ 스크립트에서 펜 파레트를 선택하고 "펜 올리기" 클릭하여 "1초 동안 0, 0으로 움직이기" 블록 밑에 위치

⑦ 스크립트에서 동작 파레트를 선택하고 "마우스 포인터 위치 이동하기"를 클릭하여 "팬 올리기"블록 밑에 위치하고 마우스 포인터를 무작위 무대 위치로 변경

위의 과정으로 블록코딩이 완성되었으므로 스크립트 영역에 있는 깃발 클릭했을 때를 마우스로 클릭하면 판다 스프라이트는 무작위의 위치에서 시작하여 원점으로 이동하고 주어진 모양을 10회 반복해서 그리는 것을 확인할 수 있다. ▌

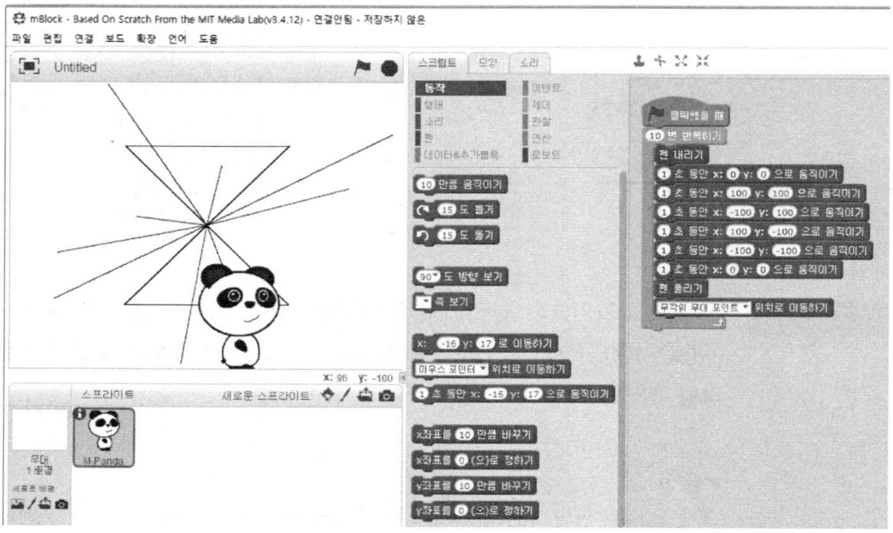

그림 1.23 주어진 모양 그리기 블록코딩

예제 1.5 무대의 배경을 해변으로 바꾸고 스프라이트는 소년으로 변경한 상태에서 해변을 걷는 소년이 좌우의 벽에 부딪히면 방향을 바꾸어서 걷는 블록코딩을 하라.

✔풀이

그림 1.24는 무대의 배경을 바꾸는 과정을 다음과 같이 나타낸다.

① 무대배경에서 새로운 배경을 선택

② 배경 저장소에서 해변을 선택하고 우측 하단부에 있는 확인 선택

그림 1.25는 스프라이트를 바꾸는 과정을 다음과 같이 나타낸다.

① 새로운 스프라이트를 선택

② 스프라이트 저장소에서 소년을 선택하고 우측 하단부에 있는 확인 선택

③ 판다 스프라이트를 선택하고 마우스 우측 버튼 클릭하여 판다 스프라이트를 삭제 ▌

그림 1.24
무대배경 변경

(a) 무대배경 변경 선택

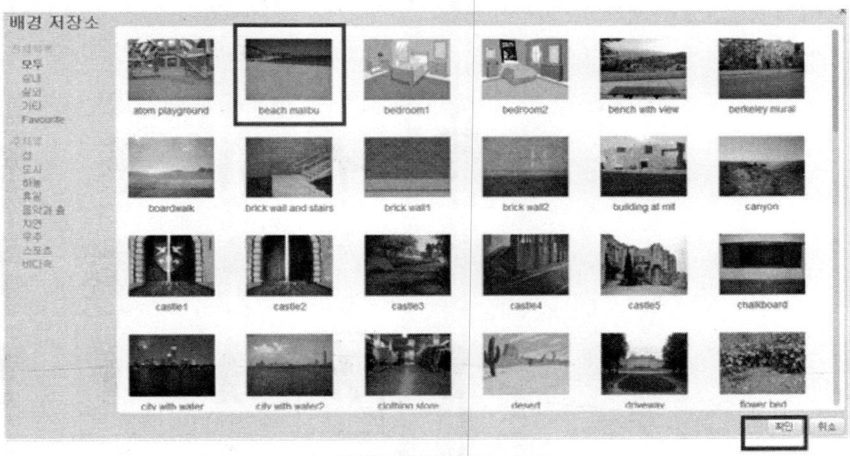

(b) 무대배경 해변 선택

그림 1.25
새로운
스프라이트 선택

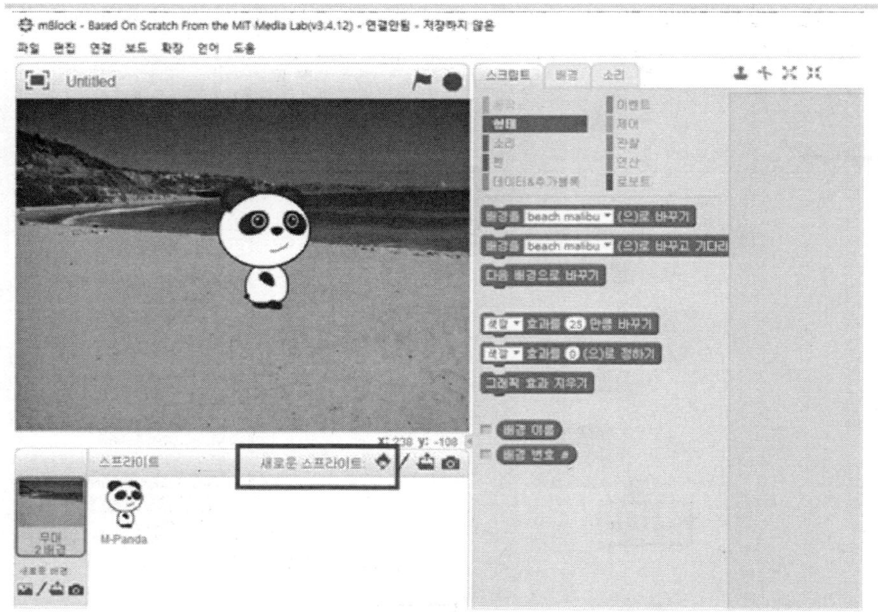

(a) 새로운 스프라이트 선택

(b) 소년 선택

그림 1.26은 소년이 해변을 거닐고 있는 블록코딩과 그 실행상태를 나타낸다. 블록코딩의 순서는 다음과 같다.

① 스크립트에서 이벤트 파레트를 선택하고 "깃발 클릭했을 때"를 클릭하여 스크립트 영역에 위치시킴

② 스크립트에서 제어 파레트를 선택하고 "무한 반복하기" 클릭하여 스크립트 영역의 "깃발 클릭했을 때"의 블록 밑에 위치
③ 스크립트에서 형태 파레트를 선택하고 "모양을 소년걷기로 바꾸기" 클릭하여 "무한 반복하기" 블록 내부에 위치
④ 스크립트에서 동작 파레트를 선택하고 "10만큼 움직이기" 클릭하여 "모양을 소년걷기로 바꾸기"블록 밑에 위치
⑤ 스크립트에서 제어 파레트를 선택하고 "1초 기다리기" 클릭하여 "10만큼 움직이기"밑에 위치하고 1초를 0.2초로 변경
⑥ "10번 반복하기" 클릭하여 "1초 기다리기" 블록 밑에 위치하고 10번을 4번으로 변경
⑦ 스크립트에서 형태 파레트를 선택하고 "다음 모양으로 바꾸기"를 클릭하여 "4번 반복하기"블록 안에 위치
⑧ 스크립트에서 동작 파레트를 선택하고 "10만큼 이동하기" 클릭하여 "다음 모양으로 바꾸기" 블록 밑에 위치
⑨ 스크립트에서 제어 파레트를 선택하고 "1초 기다리기" 클릭하여 "10만큼 움직이기"밑에 위치하고 1초를 0.2초로 변경
⑩ 스크립트에서 동작 파레트를 선택하고 "벽에 닿으면 튕기기" 클릭하여 "4번 반복하기"블록 밑에 위치
⑪ "회전방식을 왼쪽-오른쪽으로 정하기" 클릭하여 "벽에 닿으면 튕기기" 블록 밑에 위치

위의 과정으로 블록코딩이 완성되었으므로 스크립트 영역에 있는 깃발 클릭했을 때를 마우스로 클릭하면 소년이 해변을 왔다 갔다 하는 움직임을 확인할 수 있다.

그림 1.26
소년이 해변을
걷는 블록코딩

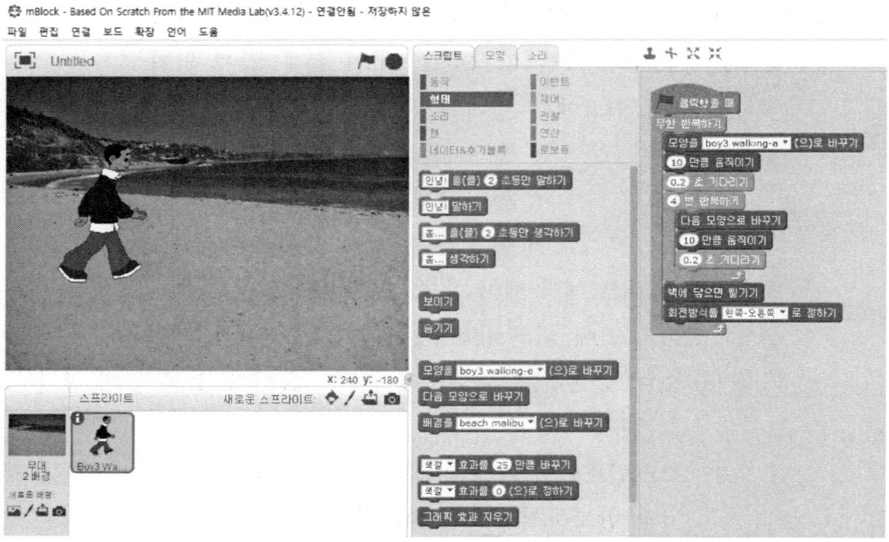

CHAPTER 2

블록코딩과 LED제어

2.1 mBlock에 의한 LED제어

2.1.1 아두이노 보드 연결

그림 2.1은 블록코딩으로 LED를 제어하기 위하여 아두이노 보드를 선택하는 방법을 나타낸다. 풀다운 메뉴에서 보드를 선택하고 아두이노 우노를 사용할 경우에는 "아두이노 우노"를 선택한다.

그림 2.1 아두이노 우노 선택

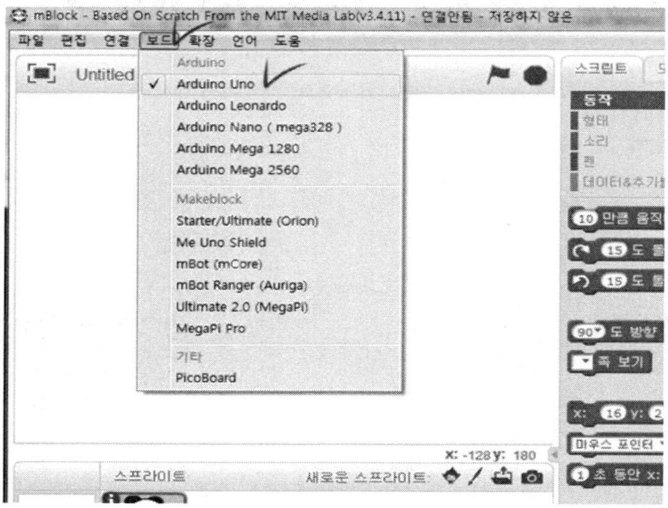

그림 2.2는 개발용 PC의 USB 단자에 아두이노 보드와 연결되어있는 USB 케이블을 접속하기 위하여 풀다운 메뉴에서 연결을 선택한 상태를 나타낸다. 풀다운 메뉴의 상단에는 "연결안됨"이라는 표시가 나타나 있고 연결이 되었다면 시리얼 포트에는 COM 8이 나타나 있을 수가 있다. 이는 사용하고 있는 컴퓨터에 따라서 다르게 나타난다. 아두이노 우노 보드를 개발용 PC의 USB 단자 COM 8에 접속되어 있을 경우에는 시리얼포트에서 COM 8을 선택하면 "시리얼포트 연결됨"이 표시된다.

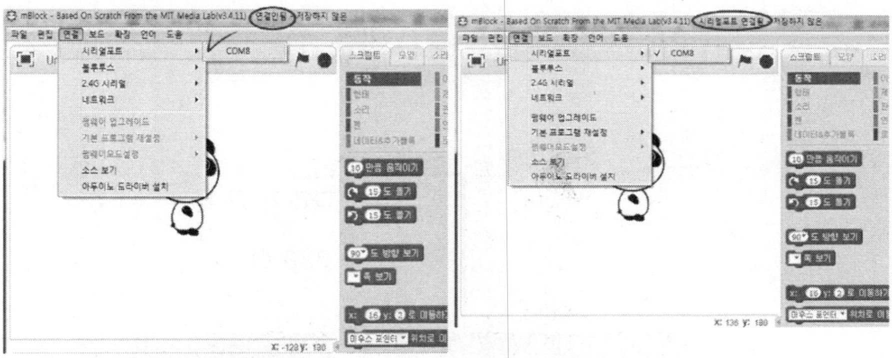

그림 2.2
개발용 PC와 아두이노 우노 연결

2.1.2 블록코딩에 의한 LED 제어

▌목표

LED가 1초 간격으로 점등과 소등을 반복할 수 있도록 그림 2.3과 같이 전기회로를 구성하고 깃발을 클릭했을 때를 사용하는 블록코딩을 작성한다.

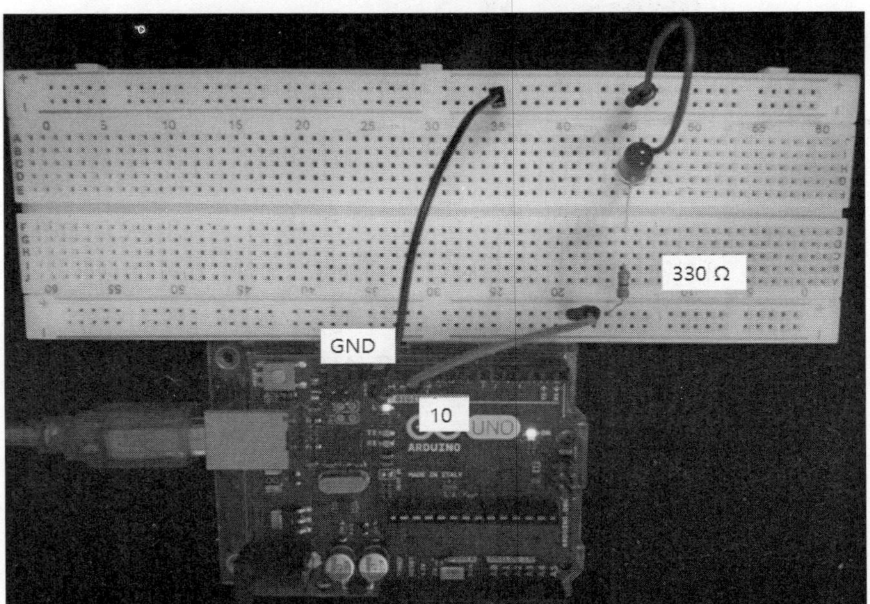

그림 2.3
LED 점등제어를 위한 전기배선

그림 2.4
전기회로 구성

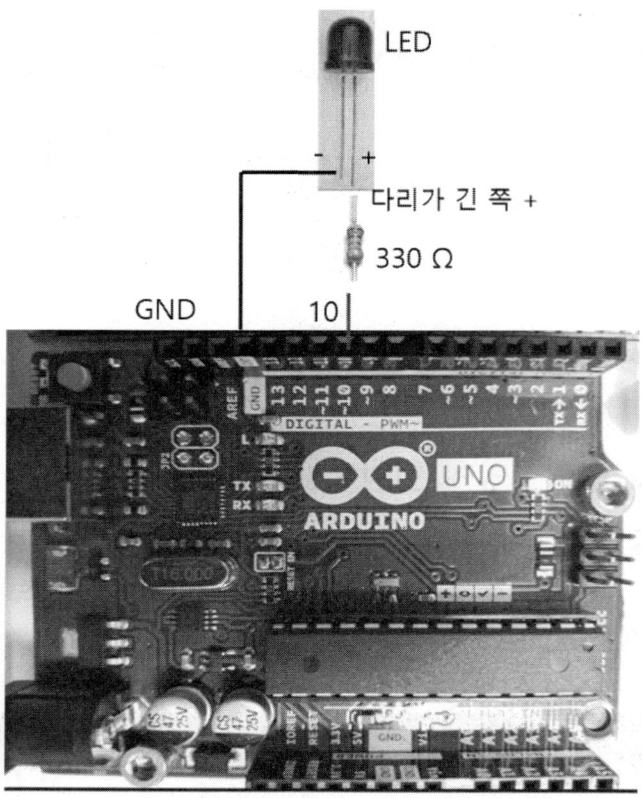

• 전기회로 구성

그림 2.4는 아두이노 우노 보드를 사용하여 1초 간격으로 LED를 점등과 소등을 제어할 수 있는 전기회로를 나타낸다. 디지털 10번 핀에는 저항 330 [Ω]을 연결하고 LED의 다리가 긴 쪽이 +극성을 나타내므로 저항과 LED 다리가 긴 쪽을 연결한다. LED의 다리가 짧은 쪽은 GND와 연결한다.

▌블록코딩 작성

그림 2.5는 mBlock를 사용하여 1초 간격으로 LED를 점등과 소등할 수 있는 블록코딩을 나타낸다.

• 깃발을 클릭했을 때

스크립트에서 이벤트 파레트를 선택하고 "깃발을 클릭했을 때"를 마우스로 클릭하여 스크립트 영역에 위치시킨다.

• 무한 반복하기

스크립트에서 제어 파레트를 선택하고 "무한 반복하기"를 클릭하여 "깃발을 클릭했을 때" 블록 밑에 위치시킨다.

• 디지털 10번 핀에 켜짐 보내기

로봇 파레트를 선택하고 "디지털 9번 핀에 켜짐 보내기"블록을 클릭하여 "무한 반복하기" 내부에 위치시키고 9번을 10번으로 변경한다.

• 1초 기다리기

제어 파레트를 선택하고 "1초 기다리기"블록을 마우스로 클릭하여 "디지털 10번 핀에 켜짐 보내기" 블록 밑에 위치시킨다.

• 복사하기

복사기능을 활용하기 위하여 마우스를 "디지털 10번 핀에 켜짐 보내기" 블록 위에 올려놓고 마우스 오른쪽 버튼을 클릭하면 복사 및 삭제 기능을 활용할 수 있는 상태가 나타나고 복사를 선택하면 "디지털 10번 핀에 켜짐 보내기"와 "1초 기다리기"블록이 그룹으로 묶여서 나타나므로 이를 "1초 기다리기" 블록 밑에 위치시키고 "디지털 10번 핀에 켜짐 보내기" 블록에서 켜짐을 꺼짐으로 변경한다.

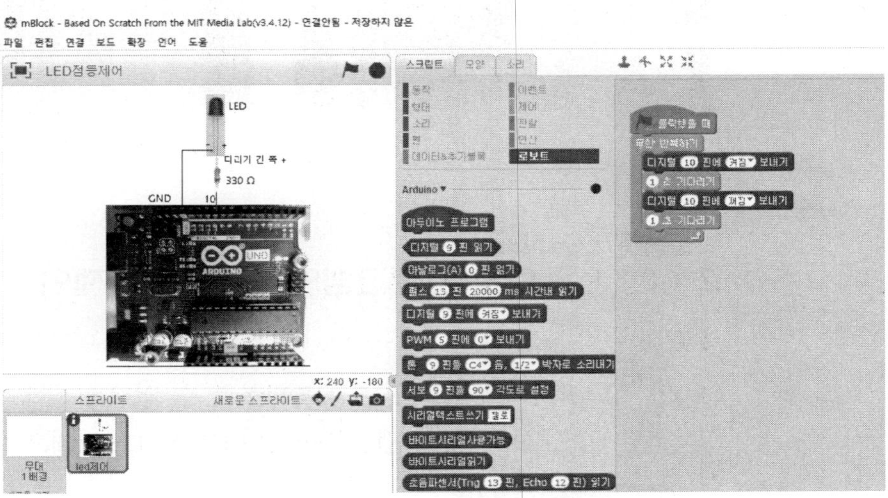

그림 2.5
LED 제어를 위한 블록코딩

그림 2.6 펌웨어 업그레이드

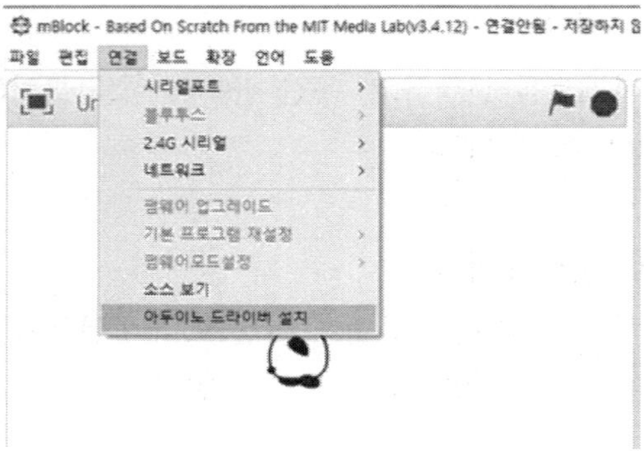

그림 2.6은 1초 간격으로 LED의 점등과 소등하는 블록코딩을 실행하기 위한 준비단계를 나타낸다. 시리얼 포트의 연결을 확인하고 아두이노 드라이버를 설치한 후에 펌웨어 업그레이드를 선택하면 프로그램의 실행 준비가 완료된다.

그림 2.7은 "깃발을 클릭했을 때" 블록을 선택 또는 실행 아이콘을 선택하였을 경우에 프로그램이 실행되어 LED가 1초 간격으로 점등과 소등을 반복한다.

그림 2.7 LED의 소등과 점등

(a) LED OFF (b) LED ON

2.1.3 아두이노 프로그램에 의한 LED 제어

▎목표

LED가 1초 간격으로 점등과 소등을 반복할 수 있도록 그림 2.5에서 작성한 블록코딩에 아두이노 프로그램을 사용하여 LED를 1초 간격으로 점등과 소등하는 블록코딩을 작성한다.

• 아두이노 프로그램 사용

그림 2.8은 그림 2.5에서 작성한 블록코딩을 활용하여 아두이노 프로그램을 사용하여 아두이노 보드로 전송이 가능한 블록코딩을 나타낸다. 스크립트에서 로보트 파레트를 선택하고 "아두이노 프로그램" 블록을 "깃발 클릭했을 때"의 블록 자리에 위치시킨다.

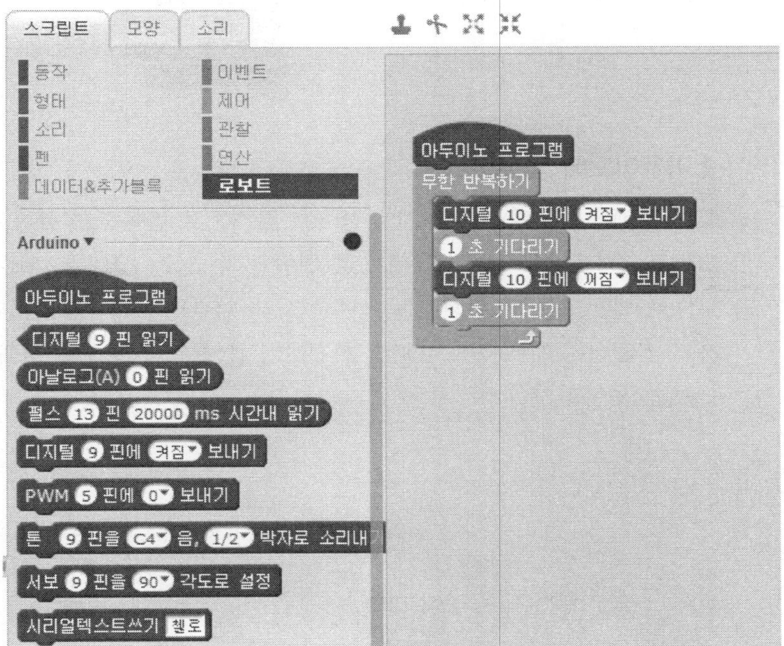

그림 2.8 아두이노 프로그램에 의한 블록코딩

그림 2.8은 mBlock에서 작성된 블록코딩을 아두이노 보드로 전송하기 위한 모드 변환을 하는 상태를 나타낸다. 블록코딩을 C++언어로 변환하기 위해서는 풀다운 메뉴에서 "편집"탭을 선택하고 "아두이노 모드"를 체크하면 자동적으로 프로그램이 전환된다.

그림 2.9
아두이노 모드

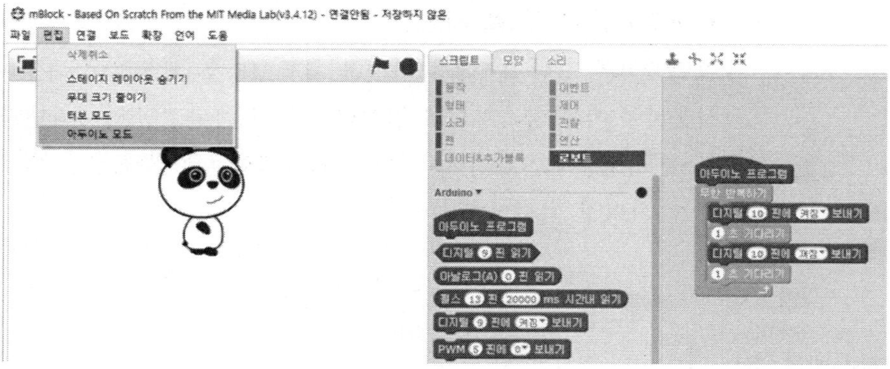

▍아두이노에 업로드

그림 2.10은 LED의 점등과 소등을 1초 간격으로 반복하는 블록코딩을 아두이노 모드로 전환하여 아두이노 보드로 전송할 수 있는 상태를 나타낸다. 아두이노 보드로 업로드 하기 위해서는 "아두이노에 업로드"를 선택하고 프로그램을 수정하기 위해서는 "아두이노 IDE로 편집하기"를 선택, "뒤로"를 선택하면 mBlock의 모드로 되돌아간다.

그림 2.10
아두이노에 업로드

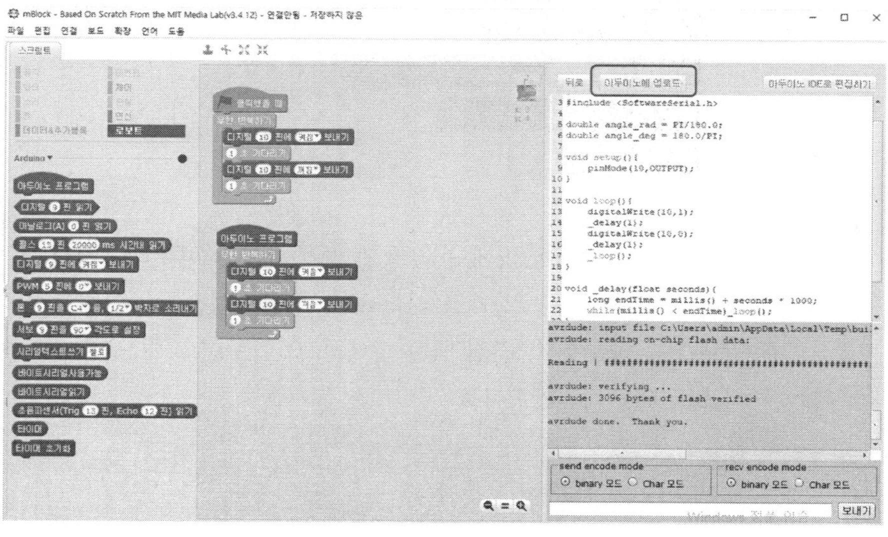

▍아두이노 스케치 프로그램으로 변환

그림 2.10에서 아두이노 모드를 선택하면 아두이노 스케치 형식을 C++프로그램으로 변환된다. void setup{...}은 설정을 나타내고 void loop{...}는 실행을 나타낸다.

```
#include <Arduino.h>
#include <Wire.h>
#include <SoftwareSerial.h>
double angle_rad = PI/180.0;
double angle_deg = 180.0/PI;
void setup(){
    pinMode(10,OUTPUT);        //디지털 10번 핀은 출력으로 설정
}

void loop(){
    digitalWrite(10,1);        // 디지털 10번 핀에 ON신호 출력
    _delay(1);                 // 1초 대기
    digitalWrite(10,0);        // 디지털 10번 핀에 OFF신호 출력
    _delay(1);                 // 1초 대기
    _loop();
}

void _delay(float seconds){
    long endTime = millis() + seconds * 1000;
    while(millis() < endTime)_loop();
}

void _loop(){
}
```

❙ 프로그램 실행

mBlock을 사용한 블록코딩 프로그램을 아두이노 모드로 변환하여 아두이노 보드에 전송하기 위해서는 그림 2.10의 우측 상단에 있는 "아두이노에 업로드"를 선택한다. 우측 하단의 시리얼 모니터 창에는 업로드되고 있는 상태를 나타내며 업로드가 완료되면 프로그램은 자동으로 실행되어 그림 2.7과 같이 LED의 점등과 소등을 반복한다.

2.1.4 아두이노 IDE로 편집하기

그림 2.10과 같이 mBlock에서 작성된 블록코딩을 아두이노 모드로 전환하고 블록코딩으로 표현할 수 없는 기능을 아두이노 스케치에서 추가하기 위해서는 "아두이노 IDE로 편집하기"를 선택하여 아두이노 스케치를 기동시켜서 프로그램을 추가한다.

그림 2.11
아두이노 스케치

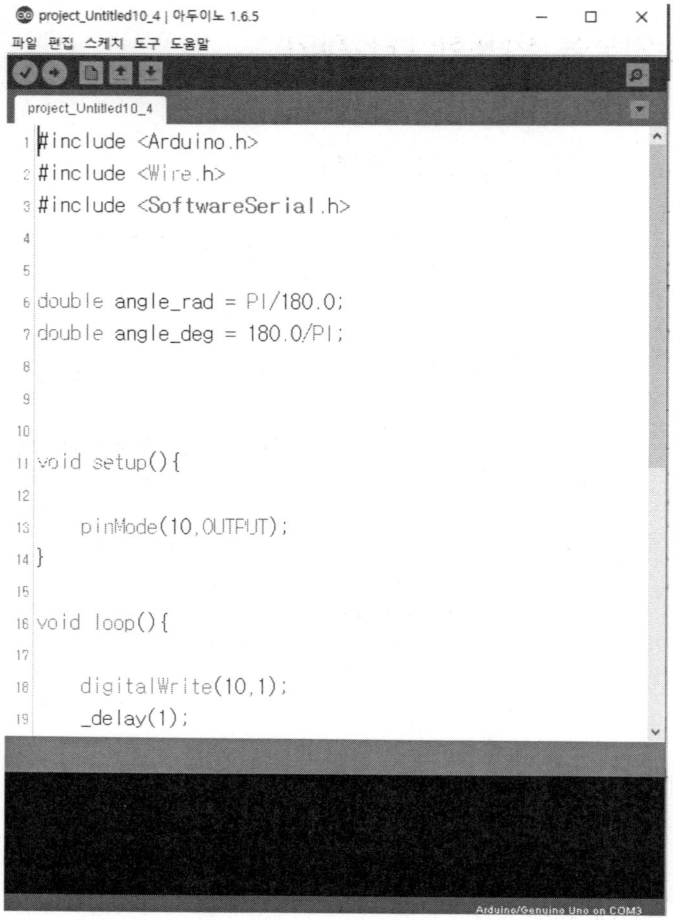

그림 2.11은 아두이노 IDE로 편집하기에 의해 기동된 아두이노 스케치를 나타낸다. 풀다운 메뉴의 도구를 선택하여 USB 케이블이 연결된 포트를 선택하여 컴퓨터와 아두이노 보드를 연결한다.

▎프로그램 실행

풀다운 메뉴의 스케치를 클릭하여 업로드를 선택하면 블록코딩에서 아두이노 스케치 프로그램으로 전환된 상태로 컴파일하고 업로드가 실행된다. 업로드가 완료되면 프로그램은 자동으로 실행되어 그림 2.7과 같이 LED의 점등과 소등을 반복한다.

2.2 아두이노를 이용한 LED제어

2.2.1 아두이노 IDE 설치

그림 2.12는 아두이노 보드 및 연관부품, 모듈을 구매할 수 있고 아두이노 IDE (Integrated Development Environment, 통합개발환경)를 다운로드할 수 있으며 관련 프로그램을 공유할 수 있는 홈페이지를 나타낸다. 풀다운 메뉴에서 부품구매와 판매자, 소프트웨어의 다운로드 및 보드와 응용제품 등을 나타낸다.

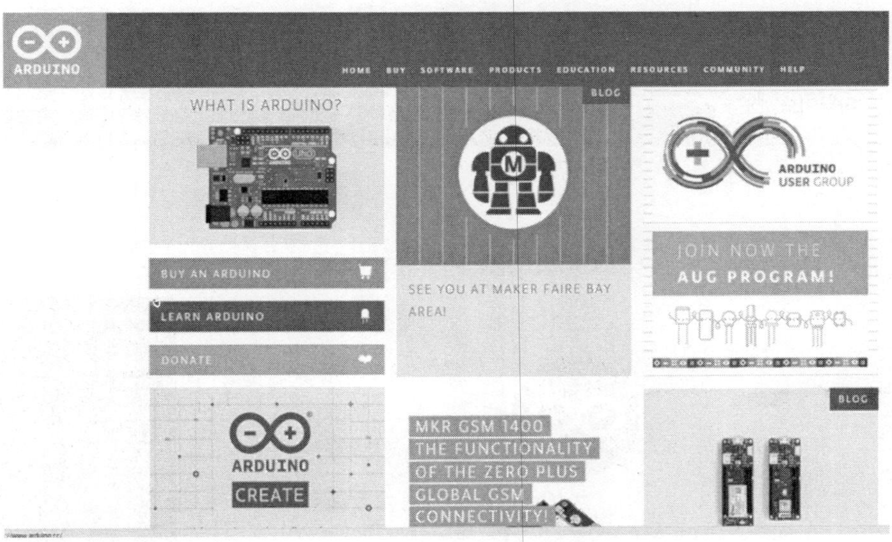

그림 2.12 아두이노 홈페이지 (https://www.arduino.cc/)

그림 2.13은 아두이노 홈페이지에서 아두이노 IDE를 다운로드하는 상태를 나타낸다. 풀다운 메뉴의 소프트웨어 탭에서 다운로드를 선택하여 아두이노 IDE를 설치한다.

그림 2.14는 개발용 PC에 설치되어있는 OS에 따라서 설치하는 아두이노 IDE를 나타낸다. 본 교재에서는 Windows를 선택한다.

그림 2.13
소프트웨어 다운로드 선택

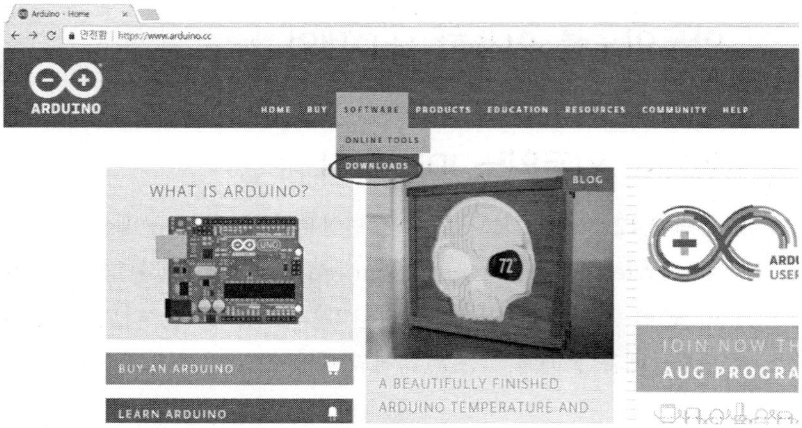

그림 2.14
아두이노 IDE 선택

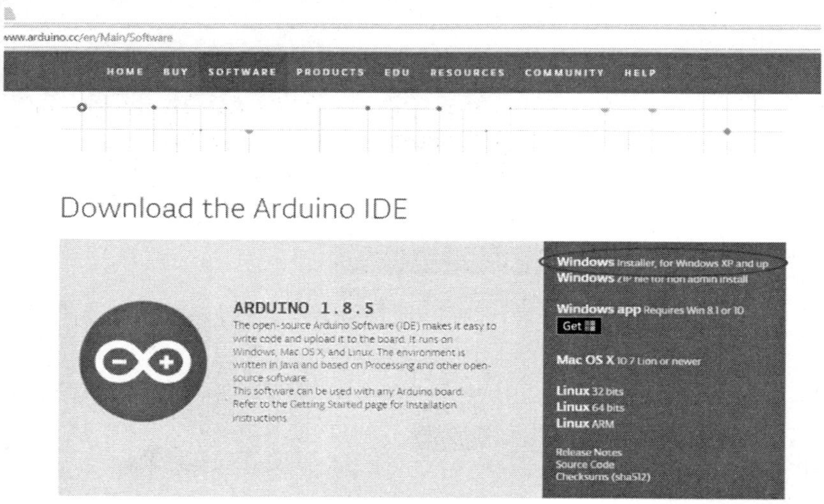

그림 2.15는 아두이노 IDE를 다운로드하면서 다운로드만 실시할 것인지 구매할 것인지를 확인하는 상태를 나타낸다. 여기서는 "JUST DOWNLOAD"를 선택한다.

그림 2.15 소프트웨어 다운로드

그림 2.16은 아두이노 IDE를 다운로드하고 설치하는 순서를 나타낸다. 가장 먼저 실시하는 작업은 "라이센스에 동의"하는 것을 선택하고 다음으로 설치 옵션에서 설치하고자하는 사항을 선택한다. 여기서는 "전부를 체크"하고 Next를 체크한다. 파일을 다운로드하고자하는 디렉토리를 지정하고 "Install"을 체크한다. 아두이노 IDE의 설치가 진행되어 완료 상태가 나타나면 닫기를 선택하여 프로그램 설치를 종료한다. 프로그램의 설치가 완료되면 바탕화면에는 아두이노의 아이콘이 생성되므로 이를 더블 클릭하면 아두이노 IDE가 실행된다.

그림 2.17은 아두이노 IDE를 실행한 상태를 나타낸다. 아두이노 통합 개발 환경 또는 아두이노 소프트웨어(IDE)는 코드 작성, 메시지 영역, 텍스트 콘솔, 공통 기능 단추 및 일련의 메뉴가 있는 도구 모음을 포함하는 텍스트 편집기가 포함되어 있으며, 아두이노 하드웨어에 연결하여 프로그램을 업로드하고 통신한다. 아두이노 IDE의 기본 구성은 다음과 같다.

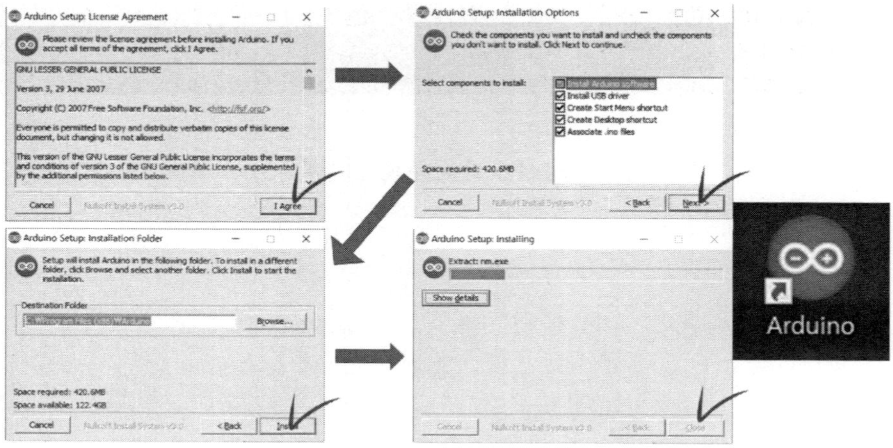

그림 2.16 소프트웨어 설치순서

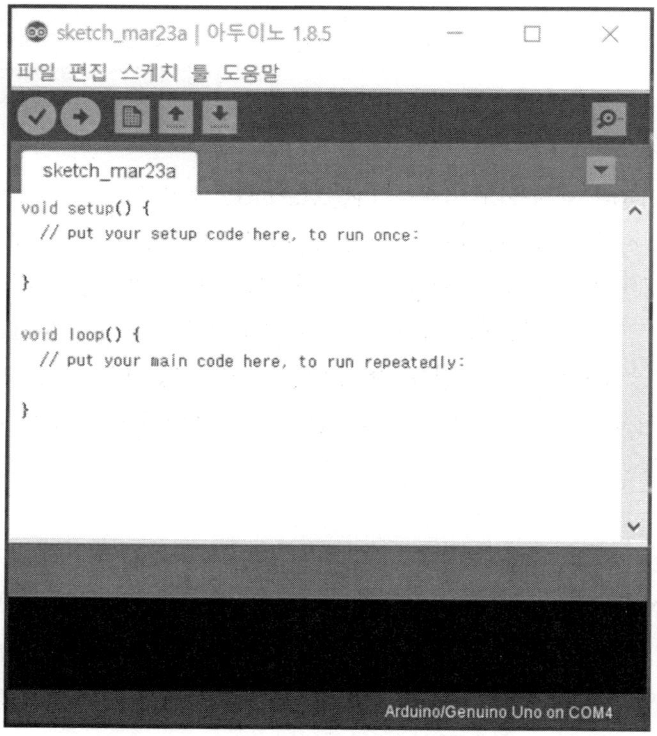

그림 2.17 아두이노 IDE의 실행

```
void setup() {
// put your setup code here, to run once:
}

void loop() {
// put your main code here, to run repeatedly:
}
```

여기서, void setup(){....}는 {....}안에 명령어의 설정을 지정한다. void loop(){.... }는 무한 반복하는 기능을 수행하고자하는 명령어를 {.....}에 작성한다.

2.2.2 아두이노 IDE 사용

아두이노 스케치를 사용하여 프로그램을 작성하기 위해서는 그림 2.17에서 나타낸 아이콘의 용도를 인지할 필요가 있다.

▎스케치 버튼

① 컴파일 버튼 : 

컴파일(인간이 이해하기 쉬운 언어로 작성된 프로그램을 기계가 이해할 수 있는 기계어로 번역하는 과정) 버튼은 작성한 코드가 잘못되었는지 확인할 수 있는 버튼으로 코드를 작성한 후에 이 버튼을 클릭하면, 컴퓨터가 컴파일을 수행한다. 만약 잘못된 코드가 있으면 에러 메세지가 아래 창에 나타나므로 에러를 참고하여 수정한다.

② 업로드 버튼 : 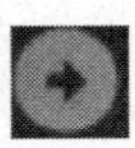

업로드 버튼은 작성한 스케치를 아두이노 보드로 보내는 기능이며, 이 과정에서도 컴파일이 되므로 일반적으로 컴파일 버튼을 사용할 필요는 없으나 프로그램의 검증 차원에서는 컴파일을 수행한다.

③ 시리얼 모니터 버튼 : 

시리얼 모니터 버튼은 아두이노 보드에서 일어나는 일을 텍스트로 볼 수 있는 것으로서 아두이노 보드에 연결한 센서의 정보를 시리얼 모니터에서 확인할 수 있다. 스케치 프로그램은 하나의 예제를 실행시키는 데는 10초 이상 걸리므로 마우스를 클릭했을 때 바로 나타나지 않는다고 여러 번 클릭하지 않는 것이 좋다.

▌스케치 설정

① 아두이노 보드 선택

그림 2.18은 개발용 PC와 접속되어 있는 아두이노 보드를 선택하는 상태를 나타낸다. 풀다운 메뉴에서 툴 탭을 선택한 후에 마우스를 이동시켜 아두이노 보드 매니저 창에서 "아두이노 우노"를 선택하면 개발용 PC와 아두이노 우노 보드의 환경으로 설정된다.

그림 2.18 아두이노 보드 선택

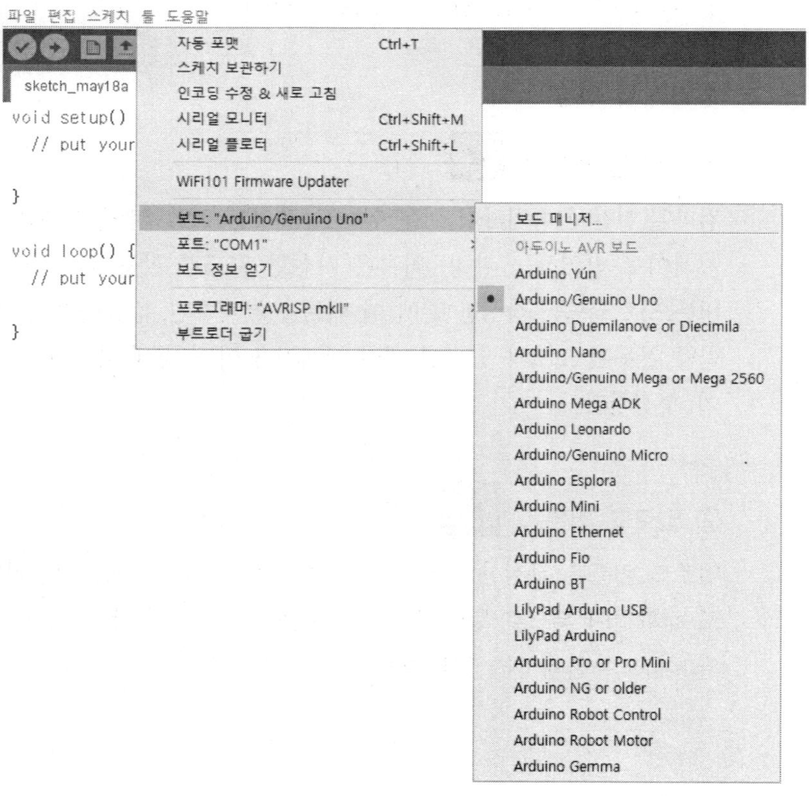

② 개발용 PC와 아두이노 보드 연결

그림 2.19는 개발용 PC의 시리얼 포트(COM 포트)에 USB 케이블을 사용하여 아두이노 보드와 연결시키는 상태를 나타낸다. 풀다운 메뉴에서 툴 탭을 선택하고 마우스를 이동시키면 시리얼 포트의 창이 나타난다. 시리얼 포트의 창을 선택하면 개발용 PC에 설치되어 있는 COM 1에서부터 여러 COM 포트가 나타나므로 아두이노 보드와 접속된 COM 단자를 선택하면 개발용 PC와 아두이노 보드는 USB 케이블을 통하여 신호를 주고받을 수 있다.

만약 여러 개의 COM 포트가 있고 아두이노 보드가 연결된 COM 포트를 모를 경우에는 컴퓨터의 제어판을 열어 컴퓨터관리 ⇒ 장치관리자 ⇒ 포트에서 포트가 COM 몇 번으로 선택되어 있는지 확인 후 그 포트를 스케치에서 선택한다. COM 1, COM 2는 컴퓨터 내부에서 통신하는 포트 번호이므로 COM 3부터 외부와 통신하는 포트 번호이다. 따라서 아두이노 보드는 외부로 연결된 것이므로 COM 3 이후의 포트와 연결한다.

그림 2.19
개발용 PC와 아두이노 보드 연결

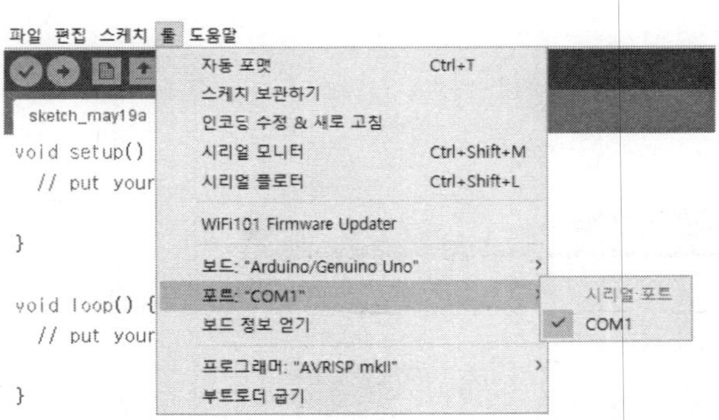

그림 2.20은 아두이노 보드에서 사용할 수 있는 예제 프로그램을 나타낸다. 아두이노 보드는 개발용 PC와 연결한 상태에서 예제 프로그램을 열어서 코딩 연습을 실시하고 필요에 따라서는 이것을 편집하여 사용한다.

그림 2.21은 아두이노 IDE에서 작성된 프로그램을 아두이노 보드로 업로드할 수 있는 상태를 나타낸다. 풀다운 메뉴에서 스케치를 선택하고 업로드(CTRL+U)를 선택하면 프로그램이 컴파일되면서 에러가 없으면 아두이노 보드로 전송된다.

그림 2.20
예제 프로그램

그림 2.21
프로그램 업로드

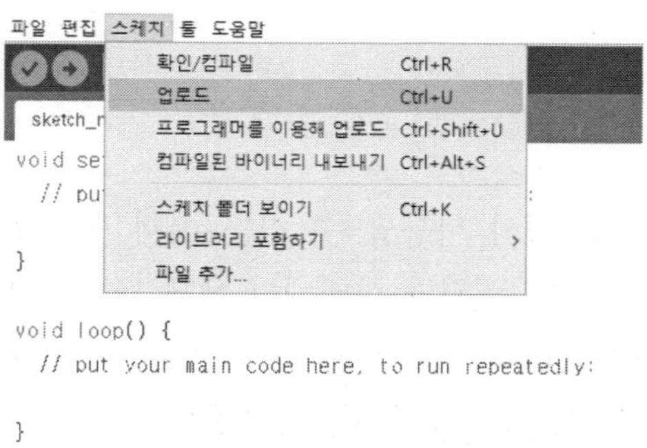

2.2.3 아두이노 스케치에 의한 LED 제어

❙ 목표

LED가 1초 간격으로 점등과 소등을 반복할 수 있도록 그림 2.3에 구성한 전기회로를 사용하고 아두이노 스케치로 프로그램을 작성한다.

❙ 프로그램 작성

아두이노 스케치 프로그램을 작성하기 위해서는 아두이노 스케치를 기동시켜서 그림 2.17의 상태에서 직접 프로그램을 입력해도 되고 블록코딩하여 아두이노 IDE로 편집하기를 선택한 그림 2.11에서 필요한 부분만 복사하여 수정해도 된다.

그림 2.22는 아두이노 IDE로 편집하기를 실행한 상태에서 필요한 부분만 복사한 상태를 나타낸다. 현재의 상태로 컴파일을 하면 에러가 발생하므로 다음과 같이 수정한다.

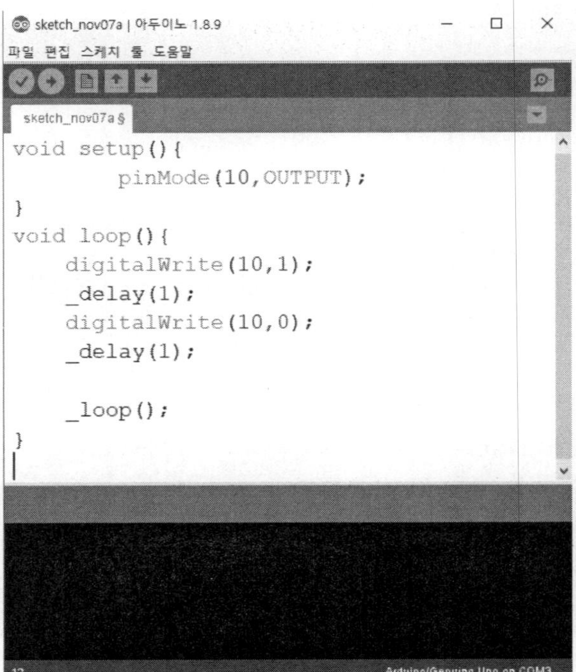

그림 2.22 아두이노 IDE로 편집하기에서 복사

```
void setup(){
    pinMode(10,OUTPUT);        //디지털 10번 핀은 출력으로 설정
}
void loop(){
    digitalWrite(10,1);        // 디지털 10번 핀에 ON신호 출력
    delay(1000);               // 1초 대기
    digitalWrite(10,0);        // 디지털 10번 핀에 OFF신호 출력
    delay(1000);               // 1초 대기
}
```

▌프로그램 실행

그림 2.23은 LED를 1초 간격으로 점등과 소등을 반복하는 아두이노 스케치 프로그램을 나타낸다. 풀다운 메뉴의 스케치를 클릭하여 업로드를 선택하면 컴파일하고 업로드가 실행된다. 업로드가 완료되면 프로그램은 자동으로 실행되어 그림 2.7과 같이 LED의 점등과 소등을 반복한다.

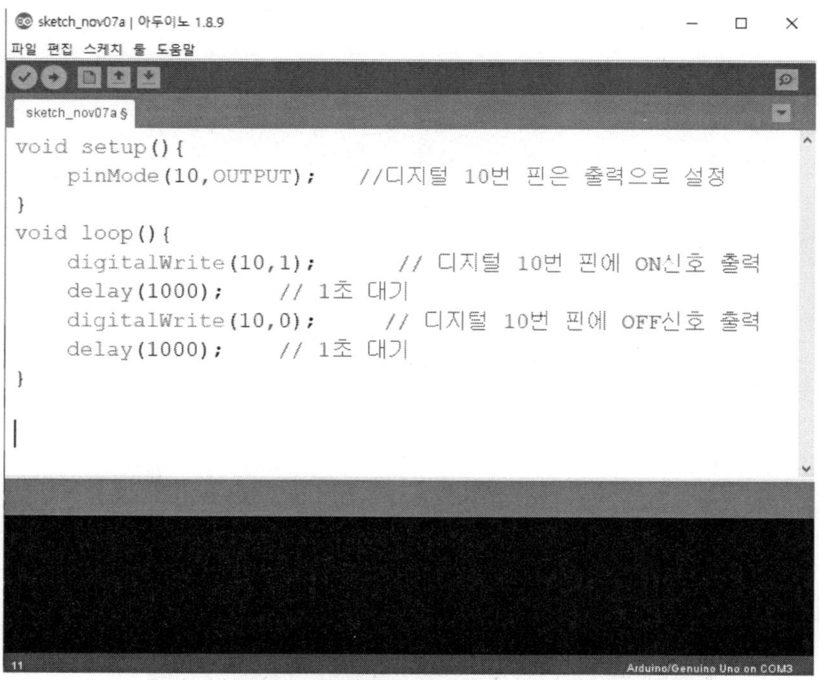

그림 2.23 LED제어를 위한 아두이노 스케치 프로그램

2.3 LED 3개 제어

2.3.1 mBlock에 의한 LED제어

❙ 목표

mBlock를 사용하여 LED 3개를 1초 간격으로 순차적 점등과 소등을 반복할 수 있도록 그림 2.24과 같이 전기회로를 구성하고 깃발을 클릭했을 때를 사용하는 블록코딩을 작성한다.

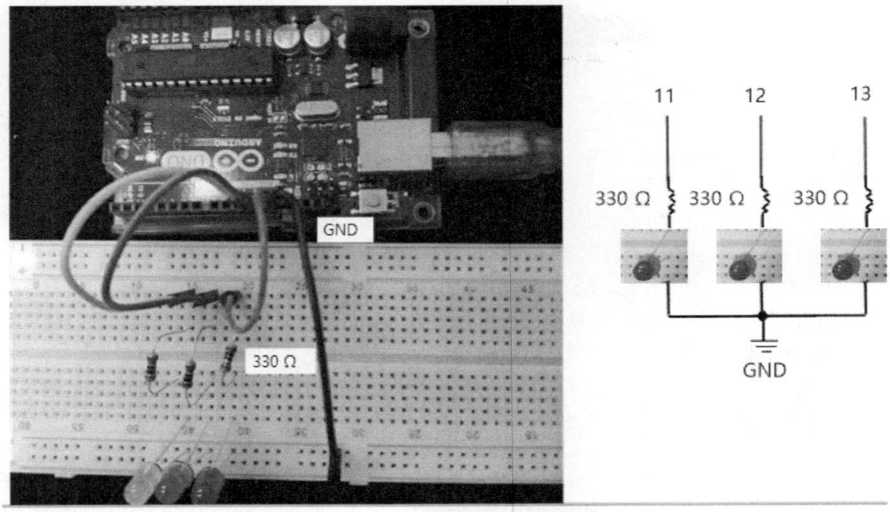

그림 2.24 LED 3개 점등제어를 위한 전기 배선 상태

❙ 전기회로 구성

그림 2.25는 아두이노 우노 보드를 사용하여 1초 간격으로 LED 3개를 순차적으로 점등과 소등을 제어할 수 있는 전기회로를 나타낸다. 디지털 11번, 12번, 13번 핀에는 저항 330 [Ω]을 연결하고 LED의 다리가 긴 쪽이 +극성을 나타내므로 저항과 LED 다리가 긴 쪽을 연결한다. LED의 다리가 짧은 쪽은 GND와 연결한다.

❙ 블록코딩 작성

그림 2.26은 mBlock를 사용하여 1초 간격으로 하나씩 LED 3개를 순차적으로 점등과 소등할 수 있는 블록코딩을 나타낸다.

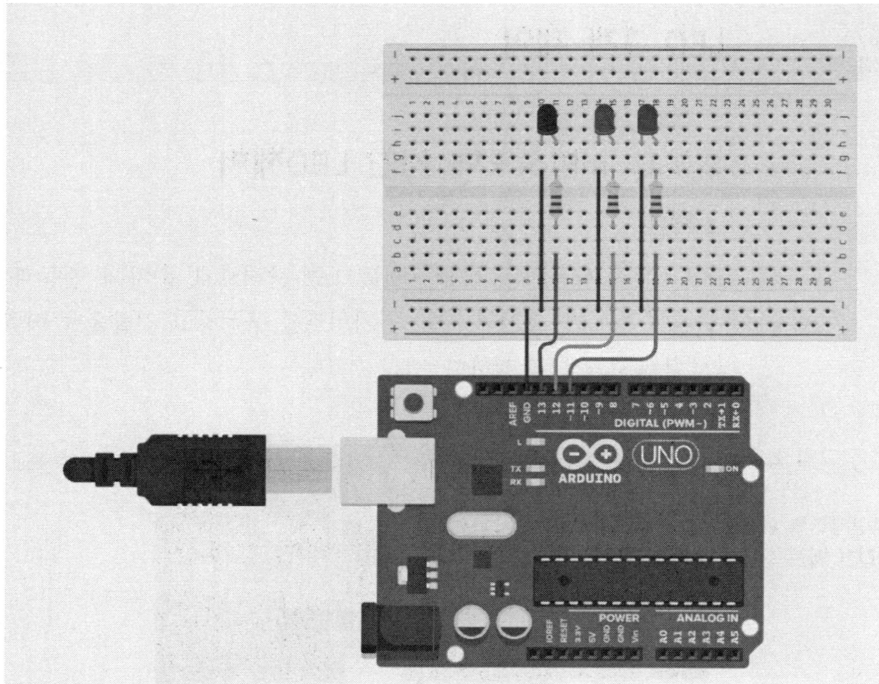

그림 2.25
LED 3개 제어를
위한 전기회로

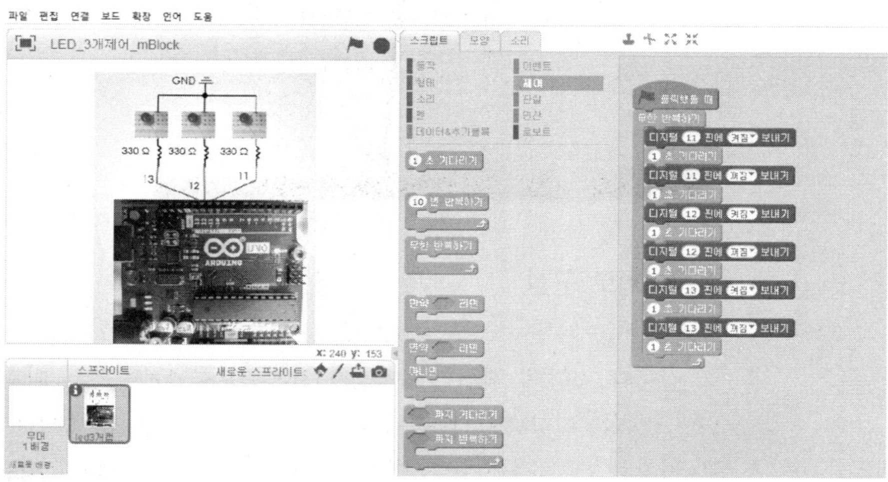

그림 2.26
LED3개를
제어하는
블록코딩

• 깃발을 클릭했을 때

스크립트에서 이벤트 파레트를 선택하고 "깃발을 클릭했을 때"를 마우스로 클릭하여 스크립트 영역에 위치시킨다.

• 무한 반복하기

스크립트에서 제어 파레트를 선택하고 “무한 반복하기”를 클릭하여 “깃발을 클릭했을 때“ 블록 밑에 위치시킨다.

• 디지털 11번 핀에 켜짐 보내기

로봇 파레트를 선택하고 “디지털 9번 핀에 켜짐 보내기”블록을 클릭하여 “무한 반복하기” 내부에 위치시키고 9번을 11번으로 변경한다.

• 1초 기다리기

제어 파레트를 선택하고 “1초 기다리기”블록을 마우스로 클릭하여 “디지털 11번 핀에 켜짐 보내기” 블록 밑에 위치시킨다.

• 복사하기

복사기능을 활용하기 위하여 마우스를 “디지털 11번 핀에 켜짐 보내기” 블록 위에 올려놓고 마우스 오른쪽 버튼을 클릭하면 복사 및 삭제 기능을 활용할 수 있는 상태가 나타나고 복사를 선택하면 “디지털 11번 핀에 켜짐 보내기”와 “1초 기다리기”가 그룹으로 묶여서 나타나므로 이를 “1초 기다리기” 블록 밑에 위치시키고 “디지털 11번 핀에 켜짐 보내기” 블록에서 켜짐을 꺼짐으로 변경한다.

• 반복 복사하기

마우스를 “디지털 11번 핀에 켜짐 보내기” 블록 위에 올려놓고 마우스 오른쪽 버튼을 클릭하여 복사를 선택하면 “디지털 11번 핀에 켜짐 보내기”, “1초 기다리기”, “디지털 11번 핀에 꺼짐 보내기”, “1초 기다리기”의 4개 블록이 묶여서 복사되므로 맨 아래에 위치한 “1초 기다리기” 블록 밑에 붙여넣기를 하고 11번을 12번으로 변경한다. 같은 방법으로 “디지털 12번 핀에 켜짐 보내기” 블록에서 마우스를 가져가서 복사하고 12번을 13번으로 변경한다.

▌프로그램 실행

mBlock을 사용한 블록코딩이 완료되었으면 풀다운 메뉴의 연결을 선택하여서 시리얼 포트의 연결을 확인하고 펌웨어 업그레이드를 선택하면 프로그램의 실행 준비가 완료된다. “깃발을 클릭했을 때“ 블록 또는 실행 아이콘을 선택하면 3개의 LED는 1초 간격으로 순차적 점등과 소등을 반복한다.

2.3.2 아두이노 프로그램에 의한 LED 3개 제어

▎목표

mBlock를 사용하여 LED 3개를 제어할 수 있는 그림 2.24의 전기회로를 사용하여 1초 간격으로 순차적 점등과 소등을 반복하는 블록코딩을 아두이노 보드로 전송하는 블록코딩을 작성한다.

• 아두이노 프로그램 사용

그림 2.27은 그림 2.26에서 작성한 블록코딩을 활용하여 아두이노 프로그램을 사용하여 아두이노 보드로 전송이 가능한 블록코딩을 나타낸다. 스크립트에서 로보트 파레트를 선택하고 "아두이노 프로그램" 블록을 "깃발 클릭했을 때"의 블록 자리에 위치시킨다.

풀다운 메뉴에서 편집을 선택하고 아두이노 모드를 선택하면 블록코딩된 프로그램은 아두이노 스케치 프로그램으로 전환되어 아두이노 보드로 전송할 수 있는 상태가 된다.

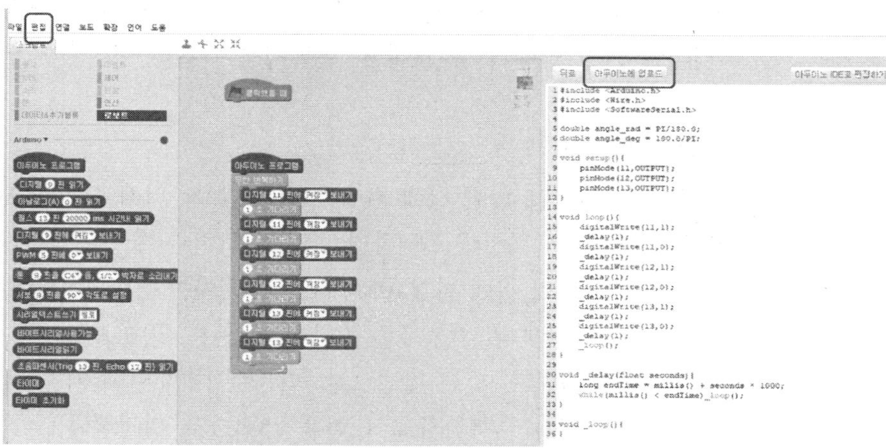

그림 2.27 아두이노에 업로드

▎프로그램 실행

아두이노에 업로드를 선택하면 아두이노 스케치 프로그램으로 전환된 LED 3개를 순차적으로 점등과 소등을 반복하는 프로그램이 아두이노 보드에 업로드된다. 업로드가 완료되면 LED는 1개씩 순차적으로 1초 간격으로 점등과 소등을 무한 반복한다.

2.3.3 새로운 블록에 의한 LED 3개 제어

❙ 목표

mBlock를 사용하여 LED 3개를 제어할 수 있는 그림 2.24의 전기회로를 사용하여 1초 간격으로 순차적 점등과 소등을 반복하도록 새로운 블록을 만들어서 블록코딩하고 아두이노 보드로 전송하는 블록코딩을 작성한다.

❙ 블록코딩 작성

그림 2.28은 그림 2.26에서 작성한 블록코딩과 같은 기능을 가지도록 새로운 블록을 만들어서 작성한 상태를 나타낸다. 깃발 클릭했을 때 블록과 무한 반복하기 블록은 동일한 과정으로 스크립트 영역에 위치시킨다.

- 데이터 & 추가블록 만들기

데이터 & 추가블록 파레트를 선택하고 "변수 만들기"를 선택하면 변수이름을 입력할 수 있는 칸이 나타나므로 여기에 "증가"를 입력하면 증가라는 새로운 블록이 생성된다.

- 증가를 11로 정하기

데이터 & 추가블록 파레트에서 "증가를 0으로 정하기"를 선택하고 이를 "무한 반복하기" 내부에 위치시키고 0을 11로 변경한다.

- 3번 반복하기

스크립트에서 제어 파레트를 선택하고 "10번 반복하기"를 클릭하여 "증가를 11로 정하기" 블록 밑에 위치시키고 10번을 3번으로 변경한다.

- 디지털 증가 핀에 켜짐 보내기

로봇 파레트를 선택하고 "디지털 9번 핀에 켜짐 보내기"블록을 클릭하여 "3번 반복하기" 내부에 위치시키고 9번 자리에는 "데이터 & 추가블록"에서 증가를 가져와서 위치시킨다.

- 1초 기다리기

제어 파레트를 선택하고 "1초 기다리기"블록을 마우스로 클릭하여 "디지털 증가 핀에 켜짐 보내기" 블록 밑에 위치시킨다.

• 복사하기

마우스를 "디지털 증가 핀에 켜짐 보내기" 블록 위에 올려놓고 마우스 오른쪽 버튼을 클릭하면 "디지털 증가 핀에 켜짐 보내기"와 "1초 기다리기"가 그룹으로 묶여서 나타나므로 이를 "1초 기다리기" 블록 밑에 위치시키고 "디지털 증가 핀에 켜짐 보내기" 블록에서 켜짐을 꺼짐으로 변경한다.

• 증가를 1만큼 바꾸기

"데이터 & 추가블록"에서 "증가를 1만큼 바꾸기" 블록을 선택하여 맨 아래에 있는 "1초 기다리기" 블록 밑에 위치시킨다. mBlock을 사용한 블록코딩이 완료되었으므로 풀다운 메뉴에서 연결을 선택하여 펌웨어 업그레이드를 선택하면 프로그램의 실행 준비가 완료된다. "깃발을 클릭했을 때" 블록 또는 실행 아이콘을 선택하면 3개의 LED는 1초 간격으로 순차적 점등과 소등을 반복한다.

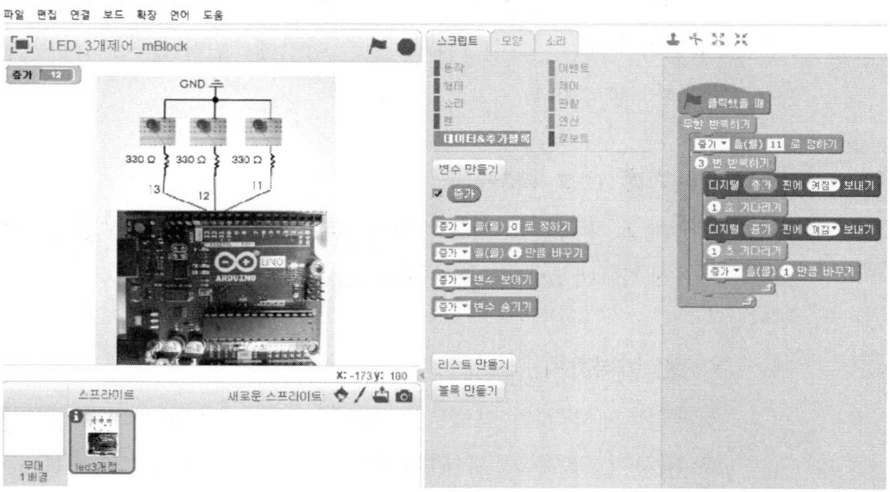

그림 2.28 1씩 증가하는 새로운 블록 만들기

▌아두이노 프로그램 사용

그림 2.29는 그림 2.28에서 작성한 블록코딩을 활용하여 아두이노 프로그램을 사용하여 아두이노 보드로 전송이 가능한 블록코딩을 나타낸다. 스크립트에서 로보트 파레트를 선택하고 "아두이노 프로그램" 블록을 "깃발 클릭했을 때"의 블록 자리에 위치시킨다. 풀다운 메뉴에서 편집을 선택하고 아두이노 모드를 선택하면 블록코딩된 프로그램은 아두이노 스케치 프로그램으로 전환되어 아두이노 보드로 전송할 수 있는 상태가 된다.

▍프로그램 실행

아두이노에 업로드를 선택하면 새로운 증가 블록에 의하여 간단화된 블록코딩은 아두이노 스케치 프로그램으로 전환되어 아두이노 보드에 업로드된다. 업로드가 완료되면 LED는 1개씩 순차적으로 1초 간격으로 점등과 소등을 무한 반복한다.

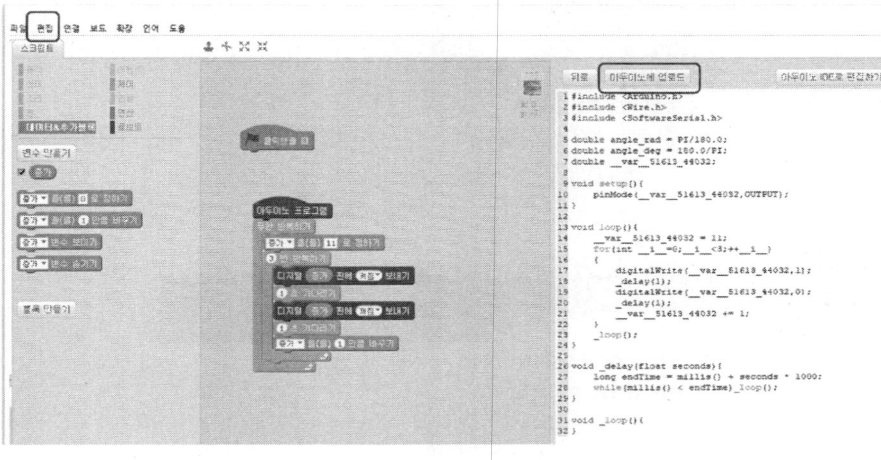

그림 2.29 아두이노에 업로드

2.3.4 아두이노 스케치에 의한 LED 3개 제어

▍목표

mBlock를 사용하여 LED 3개를 제어할 수 있는 그림 2.24의 전기회로를 사용하여 1초 간격으로 순차적 점등과 소등을 반복하는 블록코딩을 활용하여 아두이노 스케치 프로그램을 작성한다.

▍아두이노 IDE로 편집하기

그림 2.30은 그림 2.27에서 아두이노 모드로 전환된 블록코딩에서 우측 상단의 아두이노 IDE로 편집하기를 선택한 상태를 나타낸다.

그림 2.30
아두이노 IDE로 편집하기

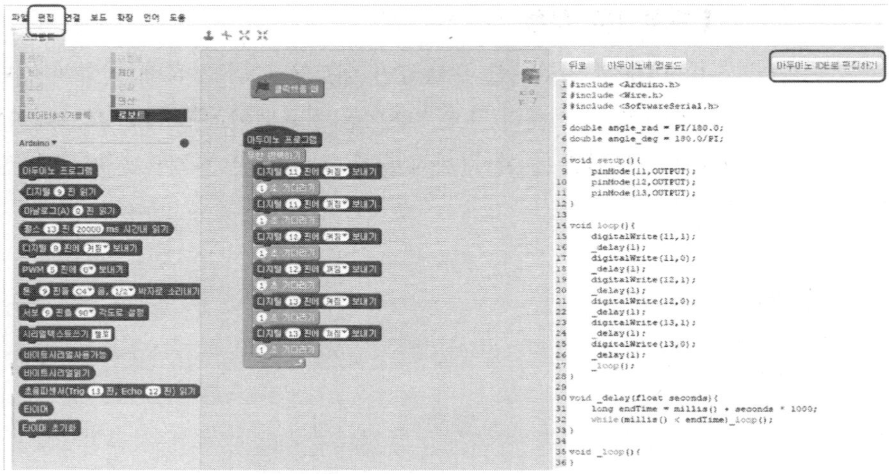

그림 2.31
아두이노 스케치 프로그램

```
#include <Arduino.h>
#include <Wire.h>
#include <SoftwareSerial.h>
double angle_rad = PI/180.0;
double angle_deg = 180.0/PI;
void setup(){
    pinMode(11,OUTPUT);
    pinMode(12,OUTPUT);
    pinMode(13,OUTPUT);
}
void loop(){
    digitalWrite(11,1);
    _delay(1);
    digitalWrite(11,0);
    _delay(1);
    digitalWrite(12,1);
    _delay(1);
    digitalWrite(12,0);
    _delay(1);
    digitalWrite(13,1);
    _delay(1);
    digitalWrite(13,0);
    _delay(1);
    _loop();
}
```

▎아두이노 스케치 프로그램

그림 2.31은 아두이노 IDE로 편집하기를 선택하면 아두이노 스케치 프로그램이 기동되고 아두이노 스케치 프로그램이 작성된 상태를 나타낸다. 현 상태에서 풀다운 메뉴의 스케치에서 업로드를 하거나 업로드 아이콘을 사용하면 프로그램의 컴파일이 시작되고 에러가 없으면 업로드된다.

블록코딩된 것으로 아두이노 스케치 프로그램을 자동변환하면 아두이노 스케치에서 사용하는 명령어들과 조금 다른 부분이 있으므로 수정이 필요하다. void setup(){…}부분과 void loop(){…}은 아두이노 스케치에서 요구하는 형식이므로 이 부분을 남기고 불필요한 부분은 삭제하며, _delay(1)은 1초 대기를 의미하므로 delay(1000)으로 변경한다.

```
#include <Arduino.h>
#include <Wire.h>
#include <SoftwareSerial.h>
double angle_rad = PI/180.0;
double angle_deg = 180.0/PI;
void setup(){
    pinMode(11,OUTPUT);
    pinMode(12,OUTPUT);
    pinMode(13,OUTPUT);
}

void loop(){
    digitalWrite(11,1);
    _delay(1);
    digitalWrite(11,0);
    _delay(1);
    digitalWrite(12,1);
    _delay(1);
    digitalWrite(12,0);
    _delay(1);
    digitalWrite(13,1);
    _delay(1);
    digitalWrite(13,0);
    _delay(1);
    _loop();
}
```

```
void _delay(float seconds){
    long endTime = millis() + seconds * 1000;
    while(millis() < endTime)_loop();
}

void _loop(){

}
```

그림 2.32
수정한 아두이노 스케치 프로그램

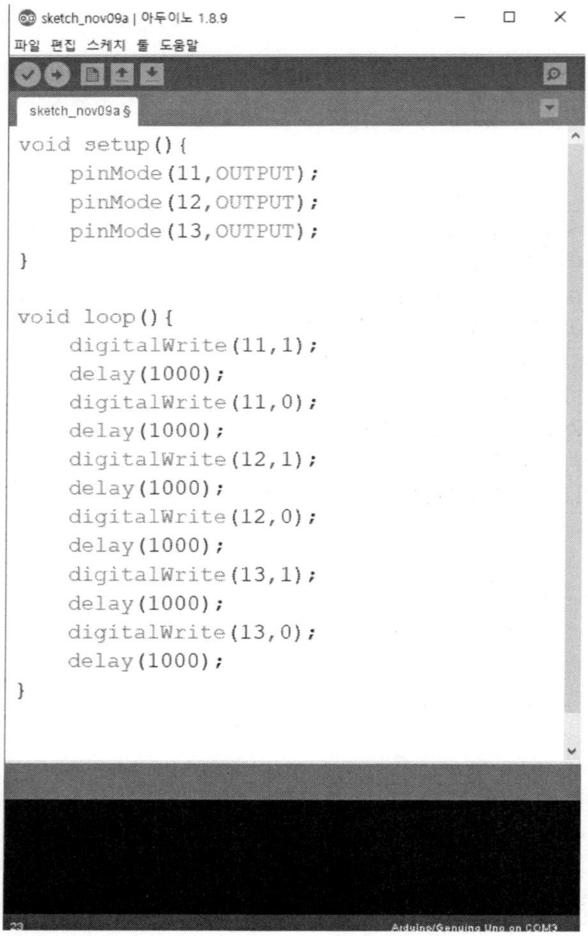

❙ 프로그램 실행

그림 2.32는 아두이노 IDE로 편집하기를 선택하여 작성한 아두이노 스케치 프로그램에서 void setup(){...}부분과 void loop(){...}을 복사하여 새로운 아두이노

스케치 프로그램에 붙여넣기를 하고 아두이노 스케치의 형식에 맞도록 수정한 것을 나타낸다. 풀다운 메뉴의 스케치에서 업로드를 하거나 업로드 아이콘을 사용하면 프로그램의 컴파일이 시작되고 에러가 없으면 업로드되고 3개의 LED는 1초 간격으로 순차적 점등과 소등을 반복한다.

```
void setup(){
    pinMode(11,OUTPUT);
    pinMode(12,OUTPUT);
    pinMode(13,OUTPUT);
}

void loop(){
    digitalWrite(11,1);
    delay(1000);
    digitalWrite(11,0);
    delay(1000);
    digitalWrite(12,1);
    delay(1000);
    digitalWrite(12,0);
    delay(1000);
    digitalWrite(13,1);
    delay(1000);
    digitalWrite(13,0);
    delay(1000);
}
```

CHAPTER 3

스위치와 LED제어

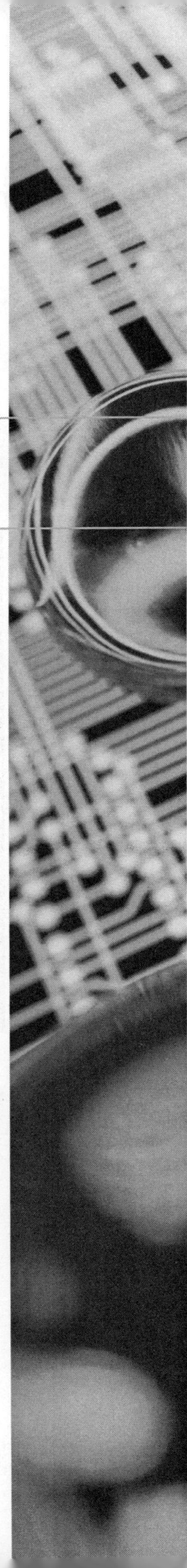

3.1 mBlock에 의한 LED제어

3.1.1 스위치에 의한 LED 제어

▌목표

스위치에 풀 다운 저항을 연결하고 LED를 제어할 수 있는 전기회로를 구축하고 스위치 입력에 의해 LED점등을 제어할 수 있는 블록코딩과 아두이노 스케치 프로그램을 작성한다.

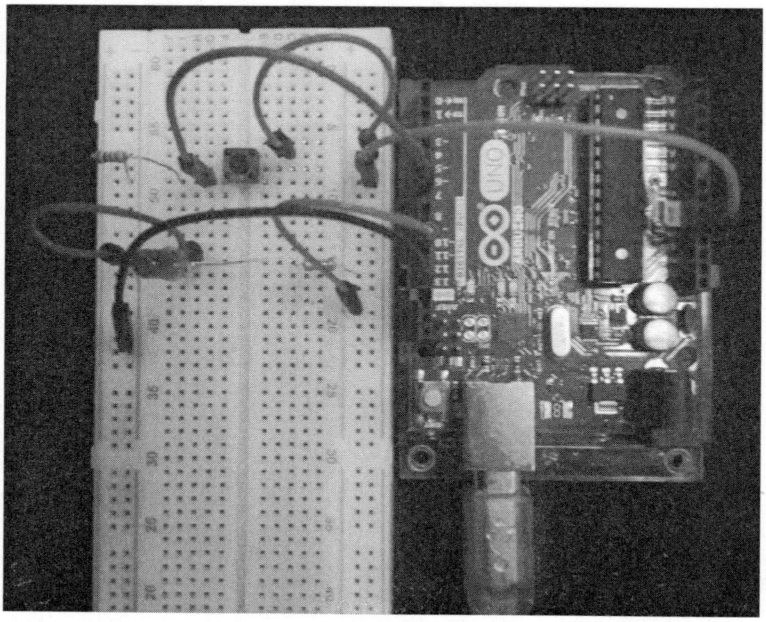

그림 3.1 스위치와 LED 전기배선

▌전기회로 구성

그림 3.2는 스위치의 오동작을 방지하기 위하여 사용하는 풀다운 저항과 풀업 저항의 회로구성을 나타낸다. 풀다운 저항은 1 [kΩ]의 저항을 사용하며 스위치를 사용할 경우에 많이 사용하고 풀업 저항은 10 [kΩ]의 저항을 사용하며 센서를 사용할 경우에 많이 사용한다.

그림 3.2
풀다운 저항과 풀업 저항

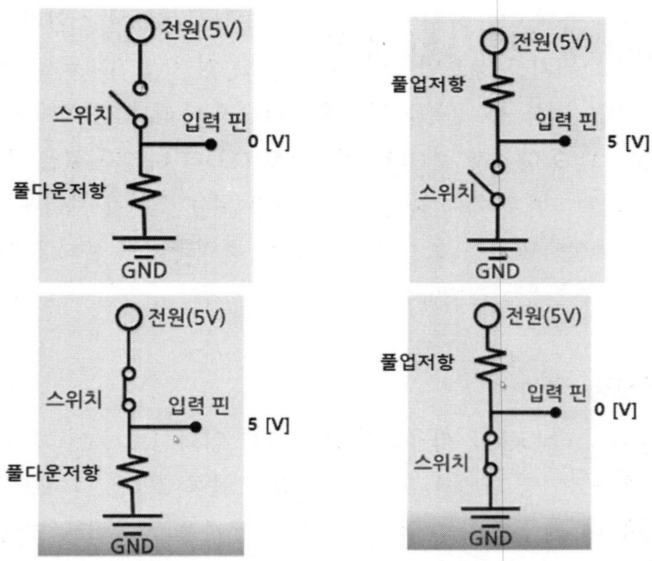

(a) 풀다운 저항 (b) 풀업 저항

그림 3.3
전기회로 구성

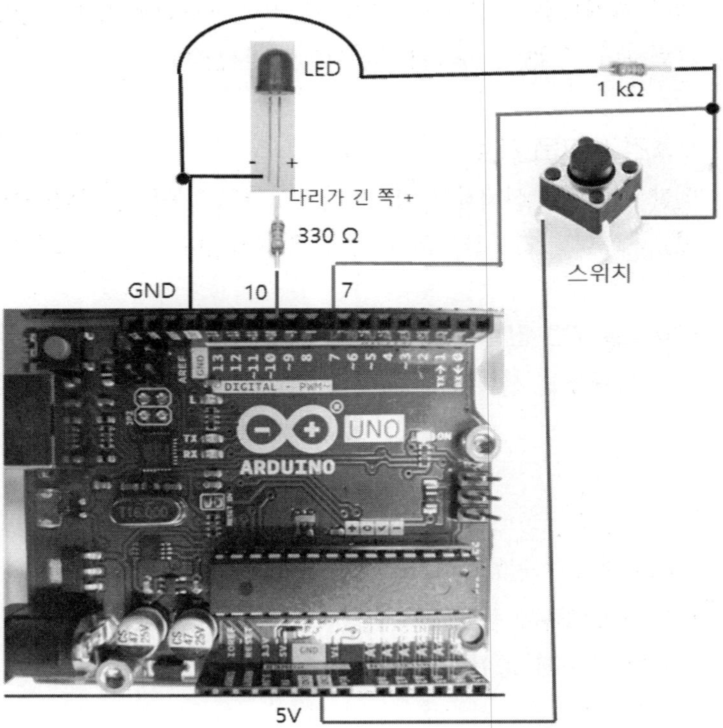

그림 3.3은 스위치와 아두이노 우노 보드를 사용하여 스위치를 누르면 LED가 점등하고 스위치를 놓으면 소등 제어할 수 있는 전기회로를 나타낸다. 디지털 10번 핀에는 저항 330 [Ω]을 연결하고 LED의 다리가 긴 쪽이 +극성을 나타내므로 저항과 LED 다리가 긴 쪽을 연결하고 LED의 다리가 짧은 쪽은 GND와 연결한다. 디지털 7번 핀에는 풀다운 저항 1 [kΩ]과 스위치 사이에 연결하고 스위치의 입력측에는 VCC를 연결하고 스위치 출력측에는 풀다운 저항을 연결하며 저항의 반대측에는 GND와 연결한다.

▍블록코딩 작성

그림 3.4는 mBlock를 사용하여 스위치에 입력신호가 1이면 LED를 점등하고 입력신호가 0이면 LED를 소등할 수 있는 블록코딩을 나타낸다. 우선 "깃발을 클릭했을 때"의 블록과 "무한 반복하기" 블록을 스크립트 영역에 위치시킨다.

• 조건문 사용

제어 파레트를 선택하고 조건문인 "만약 (조건문)라면 ....아니면 ...."블록을 클릭하여 "무한 반복하기" 내부에 위치시킨다.

• 조건 비교문 사용

연산 파레트를 선택하고 비교문인 ".... = ..."블록을 클릭하여 "만약 (조건문)라면 ....아니면 ...."블록의 조건에 위치시킨다.

• 디지털 7번 핀 읽기

로봇 파레트를 선택하고 "디지털 9번 핀 읽기"블록을 클릭하여 조건문의 비교부분인 = 앞쪽에 위치시키고 9번을 7번으로 변경하고 = 뒷부분에는 1을 입력한다.

• 디지털 9번 핀에 켜짐 보내기

로봇 파레트를 선택하고 "디지털 9번 핀에 켜짐 보내기"블록을 클릭하여 조건이 성립될 경우의 조건 블록 안에 위치시키고 9번을 10번으로 변경한다.

• 복사하기

마우스를 "디지털 10번 핀에 켜짐 보내기" 블록 위에 올려놓고 마우스 오른쪽 버튼을 클릭하여 복사를 선택하고 "디지털 10번 핀에 켜짐 보내기"블록을 조건이 불성립일 경우의 조건 블록 안에 위치시키고 켜짐을 꺼짐으로 변경한다.

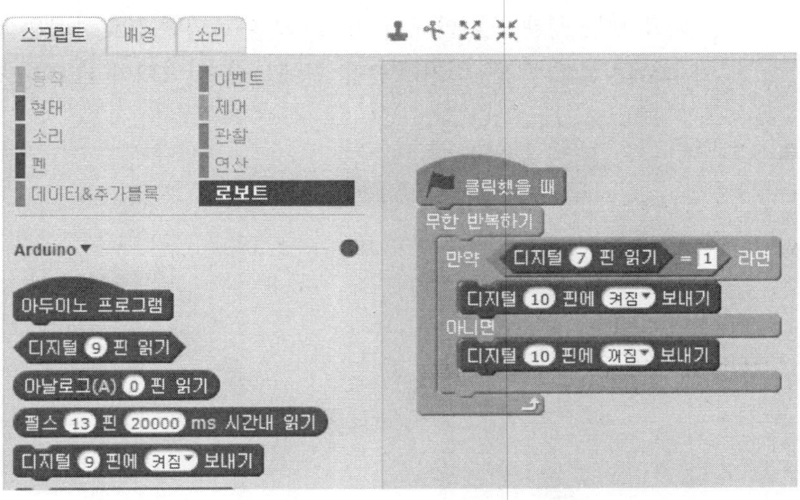

그림 3.4 스위치를 사용하는 블록코딩

❙ 프로그램 실행

mBlock을 사용한 블록코딩이 완료되었으면 풀다운 메뉴의 연결을 선택하여서 시리얼 포트의 연결을 확인하고 펌웨어 업그레이드를 선택하면 프로그램의 실행 준비가 완료된다. "깃발을 클릭했을 때" 블록 또는 실행 아이콘을 선택하고 스위치를 누르면 LED가 점등하는 것을 확인할 수 있다.

3.1.2 아두이노 프로그램에 의한 LED 제어

❙ 목표

그림 3.3의 전기회로를 사용하고 그림 3.4에서 작성한 블록코딩을 아두이노 보드에 업로드하고 스위치를 사용하여 LED를 점등 제어하는 블록코딩을 작성한다.

❙ 아두이노에 업로드

그림 3.5는 그림 3.4에서 작성한 블록코딩을 활용하여 아두이노 보드로 전송이 가능한 블록코딩을 나타낸다. 스크립트에서 로보트 파레트를 선택하고 "아두이노 프로그램" 블록을 "깃발 클릭했을 때"의 블록 자리에 교체시키면 아두이노 보드를 사용할 수 있는 블록코딩이 완성된다.

풀다운 메뉴에서 편집을 선택하고 아두이노 모드를 선택하면 mBlock에서 작성한 블록코딩은 아두이노 스케치 형식의 프로그램으로 자동 변환된다. 우측 상단에 있는 "아두이노에 업로드"를 선택하면 우측 하단의 시리얼 모니터 창에 업로드되고 있는 상태를 나타내며 업로드가 완료되면 프로그램은 자동으로 실행되어 스위치를 누르면 디지털 7번 핀에 1이 입력되어 LED가 점등된다.

그림 3.5
아두이노 보드를 사용하는 블록코딩

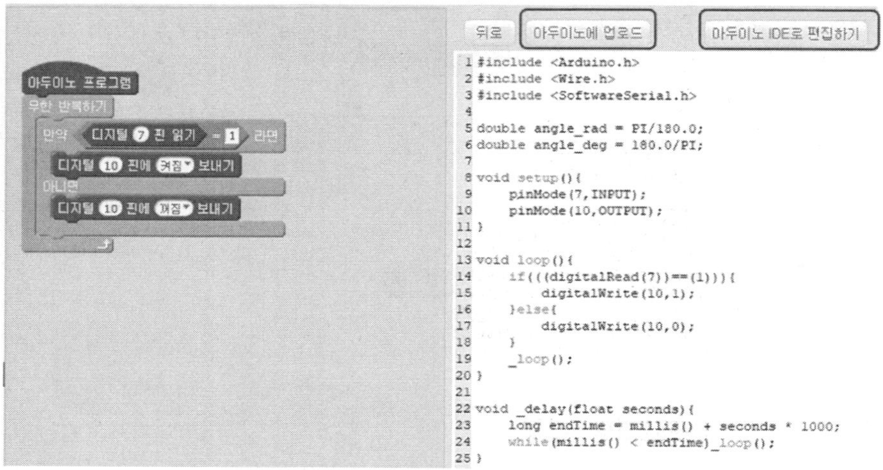

그림 3.6
아두이노 IDE로 편집하기

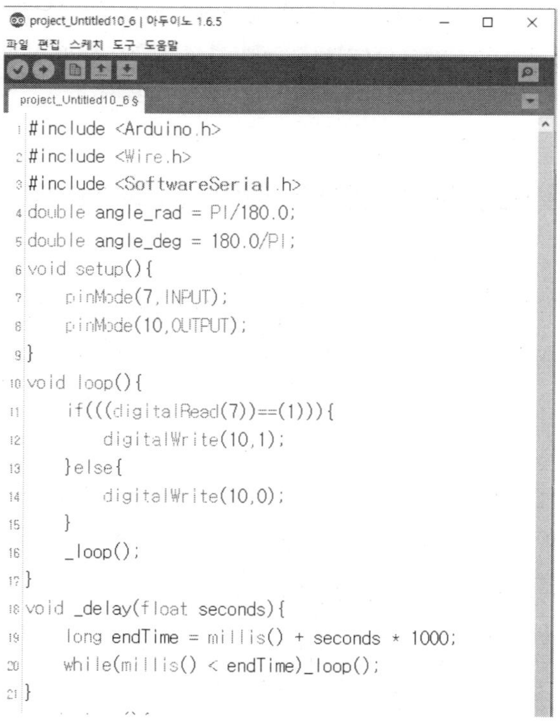

▎아두이노 IDE로 편집하기

그림 3.5와 같이 mBlock에서 작성된 블록코딩을 아두이노 모드로 전환하고 블록코딩으로 표현할 수 없는 기능을 아두이노 스케치에서 추가하기 위해서는 "아두이노 IDE로 편집하기"를 선택하여 아두이노 스케치를 기동시켜서 프로그램을 추가한다.

그림 3.6은 아두이노 IDE로 편집하기에 의해 기동된 아두이노 스케치를 나타낸다. 풀다운 메뉴에서 스케치를 클릭하여 업로드를 선택하면 컴파일하고 업로드가 실행되고 스위치를 누르면 디지털 7번 핀에 1이 입력되어 LED가 점등된다.

3.1.3 아두이노 스케치에 의한 LED 제어

▎목표

그림 3.3의 전기회로를 사용하고 그림 3.6의 아두이노 IDE로 편집하기를 사용한 프로그램을 활용하고 스위치를 사용하여 LED를 점등 제어하는 아두이노 스케치 프로그램을 작성한다.

▎프로그램 작성

아두이노 스케치 프로그램을 작성하기 위해서는 아두이노 스케치를 기동시켜서 직접 프로그램을 입력해도 되고 아두이노 IDE로 편집하기를 선택한 그림 3.6에서 필요한 부분만 복사하여 수정해도 된다.

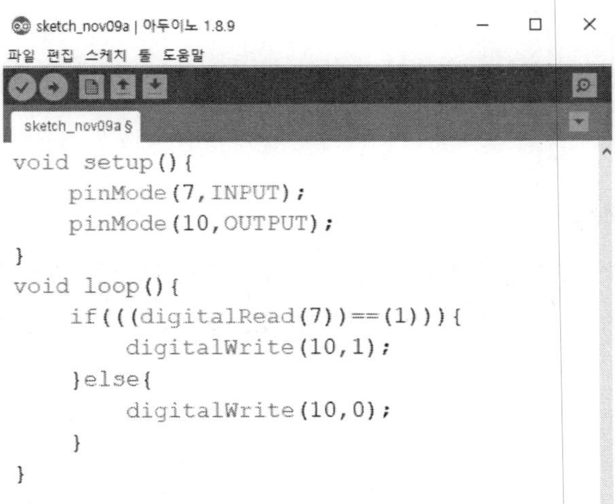

그림 3.7 아두이노 스케치 프로그램

그림 3.7은 아두이노 IDE로 편집하기를 실행한 상태에서 필요한 부분만 복사하여 아두이노 스케치 프로그램 형식으로 수정한 것을 나타낸다. 풀다운 메뉴에서 스케치를 클릭하여 업로드를 선택하면 컴파일하고 업로드가 실행된다. 업로드가 완료되면 프로그램은 자동으로 실행되어 스위치를 누르면 디지털 7번 핀에 1이 입력되어 LED가 점등된다.

```
void setup(){
    pinMode(7,INPUT);
    pinMode(10,OUTPUT);
}
void loop(){
    if(((digitalRead(7))==(1))){
        digitalWrite(10,1);
    }else{
        digitalWrite(10,0);
    }
}
```

3.2 스위치 입력 모니터링과 LED제어

3.2.1 mBlock에 의한 LED제어

▌목표

그림 3.3의 전기회로를 사용하여 스위치 입력을 모니터링하고 LED 점등을 제어하는 블록코딩을 작성한다.

▌블록코딩 작성

그림 3.8은 그림 3.5에서 작성한 스위치 입력으로 LED를 제어하는 블록코딩을 활용하여 스위치 입력을 모니터링할 수 있도록 작성한 블록코딩을 나타낸다.

그림 3.8
스위치 입력 모니터링 블록코딩

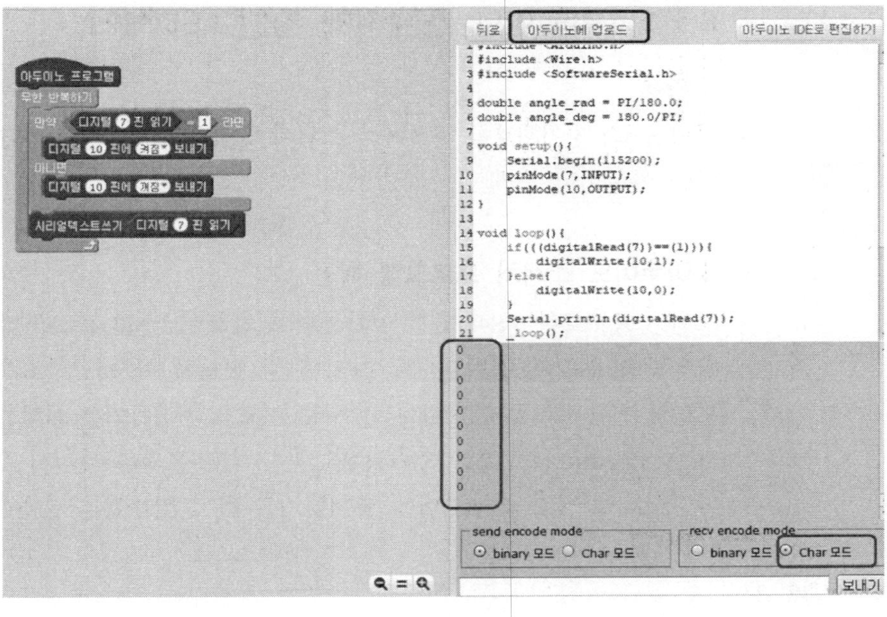

• 시리얼 텍스트 쓰기

그림 3.5의 블록코딩에서 로보트 파레트에 있는 "시리얼 텍스트 쓰기(첼로)"블록을 클릭하여 "무한 반복하기" 블록의 맨 하단부에 위치시키고 첼로 자리에 "디지털 9번 읽기" 블록을 위치시키고 9번을 7번으로 변경한다.

❙ 프로그램 실행

풀다운 메뉴에서 편집을 선택하고 아두이노 모드를 클릭하면 스위치 입력을 모니터링하고 LED를 제어하는 블록코딩은 아두이노 스케치 프로그램으로 자동 전환된다. 우측의 상단에 있는 아두이노에 업로드를 선택하면 프로그램을 컴파일하여서 아두이노 보드로 전송되고 스위치의 입력에 따라서 LED를 점등과 소등을 제어할 수 있다. 우측 하단부에 있는 시리얼 모니터에는 스위치를 누르면 1이 나타나고 누르지 않으면 0이 출력된다. 시리얼 모니터에 16진수의 값이 나타나면 이해하기 어려우므로 char모드로 바꾸어 0과 1의 신호가 나타나도록 한다.

3.2.2 아두이노 스케치에 의한 LED제어

▎목표

그림 3.3의 전기회로를 사용하여 스위치 입력을 모니터링하고 LED 점등을 제어하는 아두이노 스케치 프로그램을 작성한다.

▎아두이노 스케치 프로그램 작성

그림 3.9는 그림 3.8에서 작성한 스위치 입력으로 LED를 제어하는 블록코딩을 활용하여 스위치 입력을 모니터링할 수 있도록 작성한 블록코딩을 아두이노 모드로 전환하고 우측 상단의 아두이노 IDE로 편집하기를 실행한 상태를 나타낸다. void setup(){....}과 void loop(){....} 부분을 복사하여서 새롭게 기동시킨 아두이노 스케치 프로그램에 붙여넣기를 하고 일부를 다음과 같이 수정한다.

그림 3.9 아두이노 IDE로 편집하기

project_Untitled10_0 | 아두이노 1.6.5

파일 편집 스케치 도구 도움말

project_Untitled10_0 §

```
#include <Arduino.h>
#include <Wire.h>
#include <SoftwareSerial.h>
double angle_rad = PI/180.0;
double angle_deg = 180.0/PI;
void setup(){
    Serial.begin(115200);
    pinMode(7,INPUT);
    pinMode(10,OUTPUT);
}
void loop(){
    if(((digitalRead(7))==(1))){
        digitalWrite(10,1);
    }else{
        digitalWrite(10,0);
    }
    Serial.println(digitalRead(7));
    _loop();
}
void _delay(float seconds){
    long endTime = millis() + seconds * 1000;
    while(millis() < endTime)_loop();
```

```
void setup(){
    Serial.begin(115200);
    pinMode(7,INPUT);
    pinMode(10,OUTPUT);
}
void loop(){
    if(((digitalRead(7))==(1))){
        digitalWrite(10,1);
    }else{
        digitalWrite(10,0);
    }
    Serial.println(digitalRead(7));
}
```

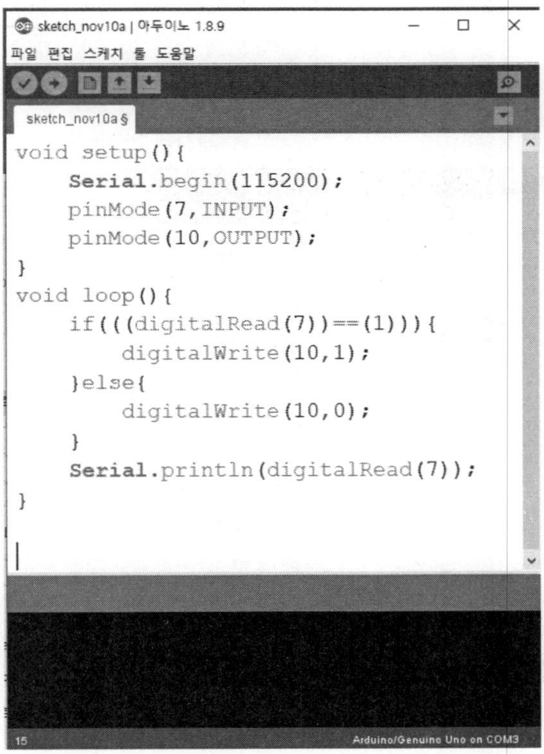

그림 3.10 스위치 입력을 모니터링하는 아두이노 스케치

그림 3.10은 아두이노 IDE로 편집하기를 사용하여 전환된 프로그램을 복사하여서 아두이노 스케치 프로그램으로 수정한 상태를 나타낸다.

❙ 프로그램 실행

풀다운 메뉴에서 스케치를 선택하고 업로드를 하거나 업로드 아이콘을 사용하여 업로드를 실시하면 프로그램을 컴파일하고 에러가 없으면 업로드가 완료되어 프로그램을 실행할 수 있다.

그림 3.11은 mBlock를 사용하여 프로그램을 작성하고 시리얼 포트가 연결되어 있는 상태에서 아두이노 스케치 프로그램에서도 시리얼 포트를 연결하고 있는 상태이므로 이 상태에서 업로드를 할 경우에 발생되는 에러 메시지를 나타낸다. 이와 같은 에러가 나타나면 mBlock의 시리얼 포트 연결을 해제하고 업로드를 실시한다. 아두이노 스케치 프로그램을 아두이노 보드에 업로드를 하면 풀다운 메뉴의 툴에서 시리얼 모니터를 선택하거나 시리얼 모니터의 아이콘을 선택하면 시리얼 모니터 창에 스위치 입력의 상태를 0과 1로 나타낸다.

그림 3.11 mBlock과 아두이노 스케치에서 시리얼 포트가 동시 선택된 경우

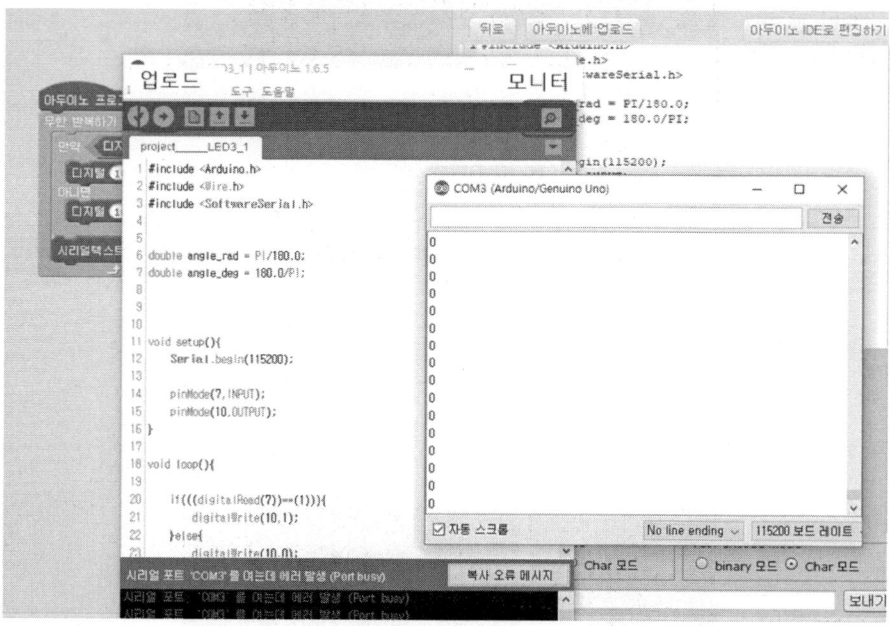

3.3 스위치 3개와 LED 3개 제어

3.3.1 mBlock에 의한 LED제어

▌목표

스위치 3개를 사용하여서 LED 3개를 각각 제어할 수 있는 그림 3.12와 같은 전기회로를 구성하고 스위치 입력신호에 따라서 LED가 점등하는 블록코딩을 작성한다.

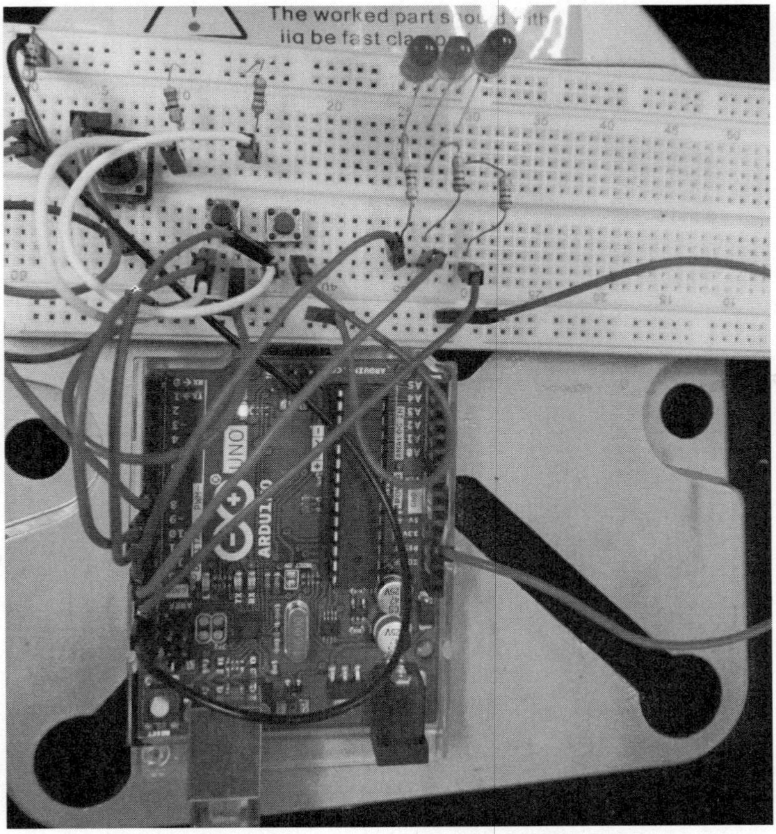

그림 3.12 스위치 3개와 LED 3개 제어 전기회로 사진

▌전기회로 구성

그림 3.13은 스위치의 오동작을 방지하기 위하여 사용하는 풀다운 저항 1 [kΩ]을 사용하여 스위치 입력 3개와 LED 3개를 제어하는 전기회로 구성을 나타낸다. 디지털 11번, 12번 및 13번 핀에는 각각 저항 330 [Ω]을 연결하고 LED의 다리가

긴 쪽이 +극성을 나타내므로 저항과 LED 다리가 긴 쪽을 연결하고 LED의 다리가 짧은 쪽은 GND와 연결한다. 디지털 7번, 8번 및 9번 핀에는 풀다운 저항 1 [kΩ]과 스위치 사이에 연결하고 스위치의 입력측에는 VCC를 연결하고 스위치 출력측에는 풀다운 저항을 연결하며 저항의 반대측은 GND와 연결한다.

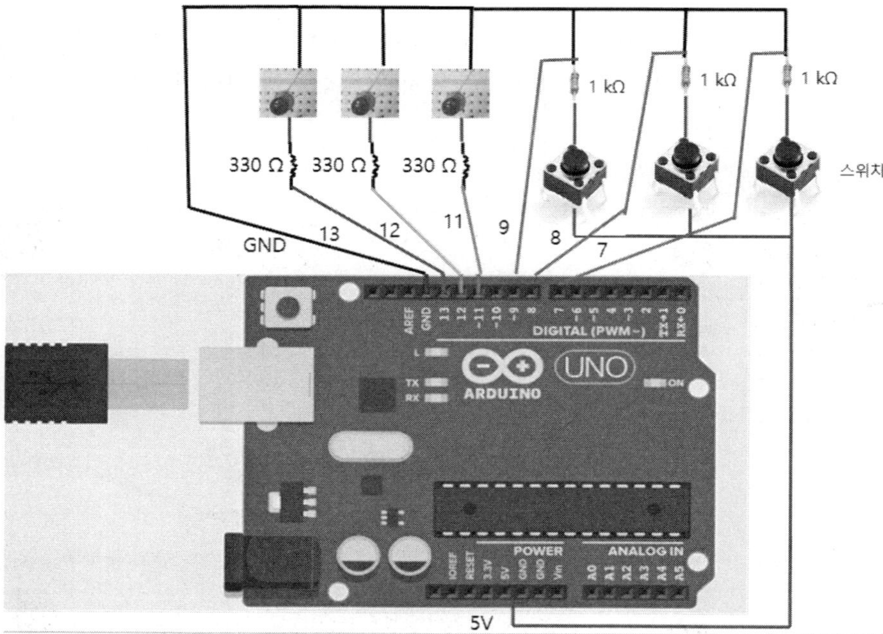

그림 3.13 스위치 3개와 LED 3개 제어를 위한 전기회로 구성

▌블록코딩 작성

그림 3.14는 스위치 3개를 사용하여 LED 3개를 각각 제어할 수 있는 블록코딩을 나타낸다. 우선 로보트 파레트에서 "아두이노 프로그램"의 블록과 제어 파레트에서 "무한 반복하기"블록을 스크립트 영역에 위치시킨다.

• 조건문 사용

제어 파레트에서 조건문인 "만약 (조건문)라면 ....아니면 ...."블록을 클릭하여 "무한 반복하기" 내부에 위치시킨다.

그림 3.14
스위치 3개를
사용하는
LED제어
블록코딩

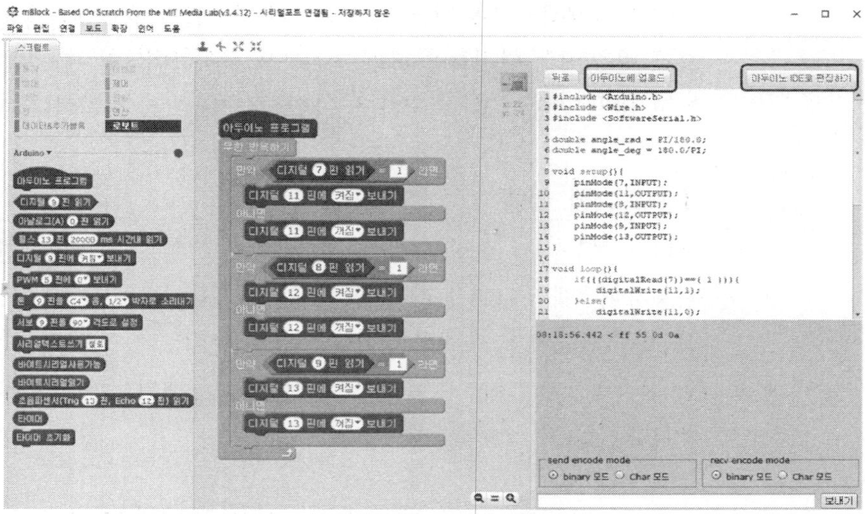

• 조건 비교문 사용

연산 파레트를 선택하고 비교문인 ".... = ..."블록을 클릭하여 "만약 (조건문)라면 ....아니면 ...."블록의 조건에 위치시킨다.

• 디지털 7번 핀 읽기

로보트 파레트를 선택하고 "디지털 9번 핀 읽기"블록을 클릭하여 조건문의 비교부분인 = 앞쪽에 위치시키고 9번을 7번으로 변경하고 = 뒷부분에는 1을 입력한다.

• 디지털 9번 핀에 켜짐 보내기

로보트 파레트를 선택하고 "디지털 9번 핀에 켜짐 보내기"블록을 클릭하여 조건이 성립될 경우의 조건 블록 안에 위치시키고 9번을 10번으로 변경한다.

• 복사하기

마우스를 "디지털 10번 핀에 켜짐 보내기" 블록 위에 올려놓고 마우스 오른쪽 버튼을 클릭하여 복사를 선택하고 "디지털 10번 핀에 켜짐 보내기"블록을 조건이 불성립일 경우의 조건 블록 안에 위치시키고 켜짐을 꺼짐으로 변경한다.

• 조건문 복사하기

마우스를 "만약 (디지털 7번 핀 읽기=1)라면 ....아니면 ...."블록 위에 올려놓고 마우스 오른쪽 버튼을 클릭하면 조건문 전체가 선택되므로 복사를 선택하여 조건문 아래에 붙여넣기를 한다. 다음으로 7번은 8번으로 변경하고 11번은 12번으로 변경한다. 다시 8번 핀의 조건문을 복사하여 8번 핀 조건문 아래에 위치시키고 8번은 9번으로 변경하고 12번은 13번으로 변경한다.

▎프로그램 실행

풀다운 메뉴에서 편집을 선택하고 아두이노 모드를 클릭하면 3개의 스위치를 사용하여 3개의 LED를 각각 제어하는 블록코딩은 아두이노 스케치 프로그램으로 자동 전환된다. 우측의 상단에 있는 아두이노에 업로드를 선택하면 프로그램을 컴파일하여서 아두이노 보드로 전송되고 3개의 스위치 입력에 따라서 3개의 LED를 점등과 소등을 제어할 수 있다.

3.3.2 아두이노 스케치에 의한 LED제어

▎목표

그림 3.13의 전기회로를 사용하여 3개의 스위치 입력으로 3개의 LED를 각각 제어하는 아두이노 스케치 프로그램을 작성한다.

▎아두이노 스케치 프로그램 작성

아두이노 스케치 프로그램을 작성하기 위해서는 새롭게 아두이노 스케치를 기동시켜서 직접 프로그램을 작성해도 되나 mBlock을 사용하여 블록코딩하고 이를 아두이노 모드로 변경한 상태에서 아두이노 IDE로 편집하기를 선택하여 필요한 부분을 복사하여 수정하는 것이 편리하다.

그림 3.15는 그림 3.14에서 작성한 3개의 스위치 입력으로 3개의 LED를 각각 제어하는 블록코딩을 아두이노 모드로 변환하여 아두이노 IDE로 편집하기를 선택하여 아두이노 스케치 프로그램이 기동된 상태를 나타낸다. 여기서 필요한 부분은 void setup(){....}과 void loop(){....} 부분이므로 이를 복사하여서 새롭게 기동시킨 아두이노 스케치 프로그램에 붙여넣기를 하고 일부를 다음과 같이 수정한다.

그림 3.15
아두이노 IDE로 편집하기

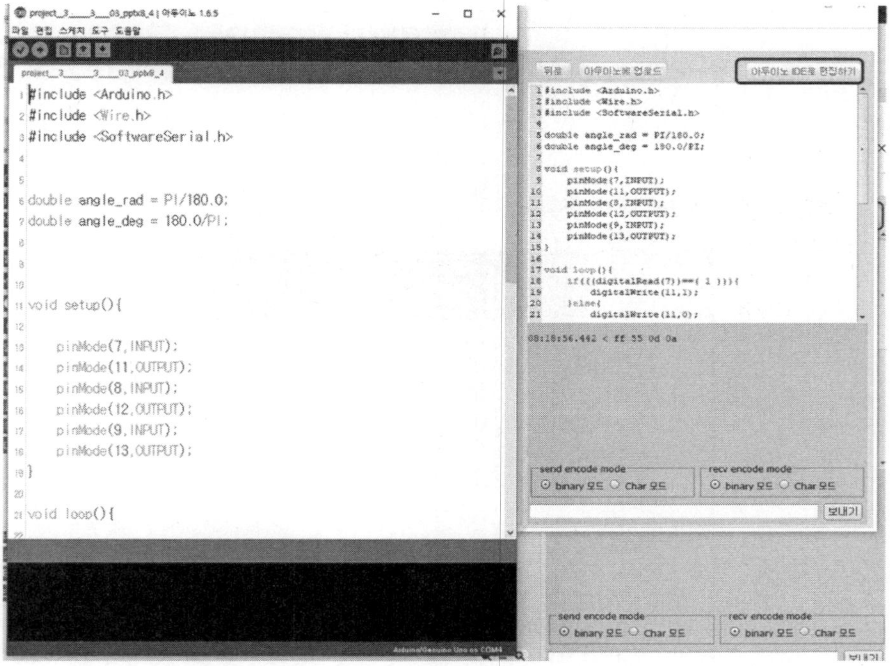

```
void setup(){
      pinMode(7,INPUT);
      pinMode(8,INPUT);
      pinMode(9,INPUT);
      pinMode(11,OUTPUT);
      pinMode(12,OUTPUT);
      pinMode(13,OUTPUT);
}
void loop(){
      if(((digitalRead(7))==(1))){
              digitalWrite(11,1);
      }else{
              digitalWrite(11,0);
      }
      if(((digitalRead(8))==(1))){
              digitalWrite(12,1);
      }else{
              digitalWrite(12,0);
      }
      if(((digitalRead(9))==(1))){
              digitalWrite(13,1);
      }else{
```

```
            digitalWrite(13,0);
        }
    }
```

그림 3.16 3개의 스위치 입력으로 LED제어

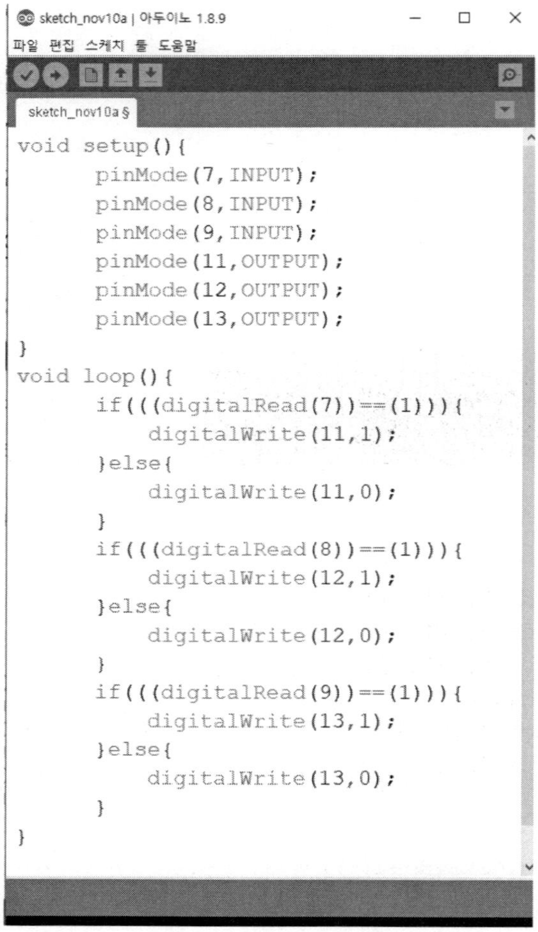

그림 3.16은 3개의 스위치 입력을 사용하여 3개의 LED를 각각 제어하는 블록코딩을 아두이노 모드로 변환하여 아두이노 IDE로 편집하기를 사용하여 아두이노 스케치 프로그램으로 전환된 것에서 필요한 부분을 복사하여 수정한 아두이노 스케치 프로그램을 나타낸다.

❙ 프로그램 실행

풀다운 메뉴에서 스케치를 선택하고 업로드를 하거나 업로드 아이콘을 사용하

여 업로드를 실시하면, 프로그램을 컴파일하여 에러가 없으면 업로드가 완료되어 프로그램을 실행할 수 있다. 3개의 스위치를 각각 누르게 되면 눌려진 스위치와 연결된 LED가 점등하는 것을 확인할 수 있다.

3.4 3개 스위치 입력 모니터링과 LED 3개 제어

3.4.1 mBlock에 의한 LED제어

❙ 목표

3개의 스위치 입력으로 LED 3개를 각각 제어할 수 있는 그림 3.12의 전기회로를 사용하고 3개의 스위치 입력신호를 모니터링하고 각각의 신호에 따라 LED가 점등하는 블록코딩을 작성한다.

❙ 블록코딩 작성

그림 3.17은 3개의 스위치 입력으로 각각 LED 3개를 제어하고 스위치 입력신호를 모니터링하는 블록코딩을 나타낸다. 우선 로보트 파레트에서 "아두이노 프로그램"의 블록과 제어 파레트에서 "무한 반복하기"블록을 스크립트 영역에 위치시킨다.

• 조건문 사용

제어 파레트에서 조건문인 "만약 (조건문)라면 ....아니면 ...."블록을 클릭하여 "무한 반복하기" 내부에 위치시킨다.

• 조건 비교문 사용

연산 파레트를 선택하고 비교문인 ".... = ..."블록을 클릭하여 "만약 (조건문)라면 ....아니면 ...."블록의 조건문에 위치시킨다.

그림 3.17 3개의 스위치 입력을 모니터링하는 블록코딩

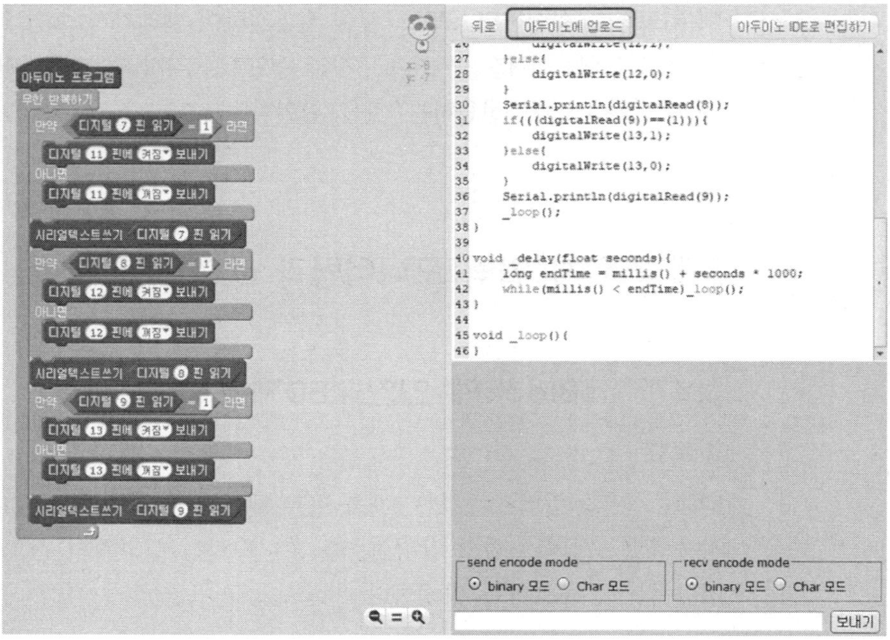

• 디지털 7번 핀 읽기

로보트 파레트를 선택하고 "디지털 9번 핀 읽기"블록을 클릭하여 조건문의 비교 부분인 = 앞쪽에 위치시키고 9번을 7번으로 변경하고 = 뒷부분에는 1을 입력한다.

• 디지털 11번 핀에 켜짐 보내기

로보트 파레트를 선택하고 "디지털 9번 핀에 켜짐 보내기"블록을 클릭하여 조건이 성립될 경우의 조건 블록 안에 위치시키고 9번을 11번으로 변경한다.

• 복사하기

마우스를 "디지털 11번 핀에 켜짐 보내기" 블록 위에 올려놓고 마우스 오른쪽 버튼을 클릭하여 복사를 선택하고 "디지털 11번 핀에 켜짐 보내기"블록을 조건이 불성립일 경우의 조건 블록 안에 위치시키고 켜짐을 꺼짐으로 변경한다.

• 시리얼 텍스트 쓰기

로보트 파레트에서 "시리얼 텍스트 쓰기(첼로)"블록을 클릭하여 조건문의 맨 아래쪽에 위치시키고 첼로 자리에 "디지털 7번 핀 읽기"블록을 위치시킨다.

• 조건문 복사하기

마우스를 “만약 (디지털 7번 핀 읽기=1)라면 ....아니면 ....”블록 위에 올려놓고 마우스 오른쪽 버튼을 클릭하면 조건문 전체와 시리얼 텍스트(디지털 7번 읽기) 쓰기 블록까지 선택되므로 복사를 선택하여 시리얼 텍스트 쓰기 블록 아래에 붙여넣기를 한다. 다음으로 7번은 8번으로 변경하고 11번은 12번으로 변경한다. 다시 8번 핀의 조건문을 복사하여 시리얼 텍스트(디지털 8번 읽기) 쓰기 블록 아래에 위치시키고 8번은 9번으로 변경하고 12번은 13번으로 변경한다.

❙ 프로그램 실행

풀다운 메뉴에서 편집을 선택하고 아두이노 모드를 클릭하면 3개의 스위치를 사용하여 3개의 LED를 각각 제어하고 스위치 입력을 모니터링하는 블록코딩은 아두이노 스케치 프로그램으로 자동 전환된다. 우측의 상단에 있는 아두이노에 업로드를 선택하면 프로그램을 컴파일하여서 아두이노 보드로 전송되고 3개의 스위치 입력에 따라서 3개의 LED를 점등과 소등을 제어하고 각각의 스위치 입력상태는 시리얼 모니터에 출력된다.

3.4.2 아두이노 스케치에 의한 LED제어

❙ 목표

그림 3.13의 전기회로를 사용하여 3개의 스위치 입력으로 3개의 LED를 각각 제어하고 스위치의 입력신호 상태를 시리얼 모니터에 출력하는 아두이노 스케치 프로그램을 작성한다.

❙ 아두이노 스케치 프로그램 작성

아두이노 스케치 프로그램을 작성하기 위해서는 새롭게 아두이노 스케치를 기동시켜서 직접 프로그램을 작성해도 되나 mBlock을 사용하여 블록코딩하고 이를 아두이노 모드로 변경한 상태에서 아두이노 IDE로 편집하기를 선택하여 필요한 부분을 복사하여 수정하는 것이 편리하다.

그림 3.18은 그림 3.17에서 작성한 3개의 스위치 입력으로 3개의 LED를 각각 제어하고 스위치의 입력상태를 모니터링하는 블록코딩을 아두이노 모드로 변환하고 아두이노 IDE로 편집하기를 선택하여 아두이노 스케치 프로그램이 기동된 상태를 나타낸다. 여기서 필요한 부분은 void setup(){....}과 void loop(){....}

부분이므로 이를 복사하여서 새롭게 기동시킨 아두이노 스케치 프로그램에 붙여넣기를 하고 일부를 다음과 같이 수정한다.

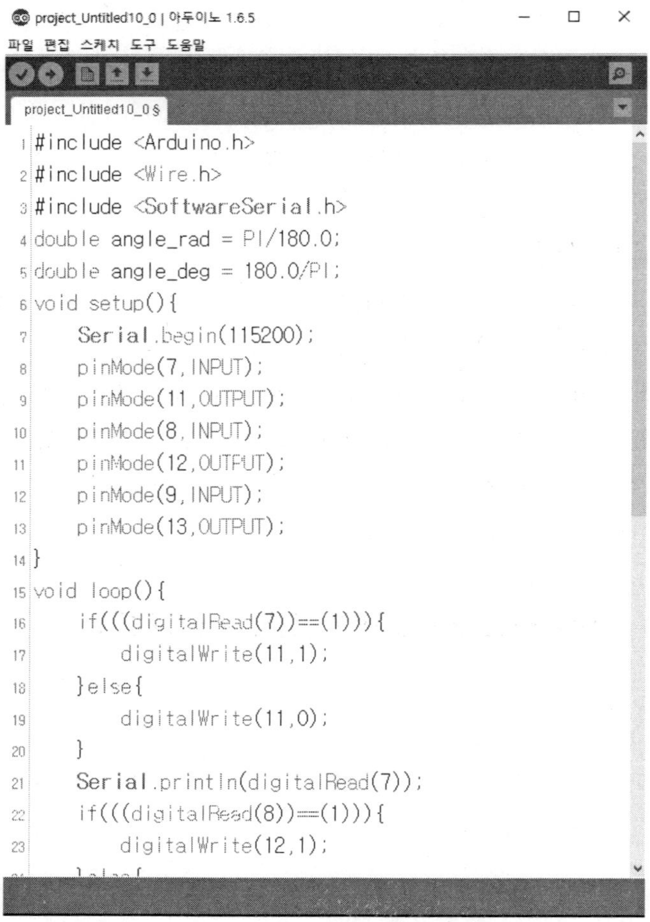

그림 3.18 아두이노 IDE로 편집하기

```
void setup(){
      pinMode(7,INPUT);
      pinMode(8,INPUT);
      pinMode(9,INPUT);
      pinMode(11,OUTPUT);
      pinMode(12,OUTPUT);
      pinMode(13,OUTPUT);
}
void loop(){
      if(((digitalRead(7))==(1))){
```

```
            digitalWrite(11,1);
        }else{
            digitalWrite(11,0);
        }
        Serial.println(digitalRead(7));
        if(((digitalRead(8))==(1))){
            digitalWrite(12,1);
        }else{
            digitalWrite(12,0);
        }
        Serial.println(digitalRead(8));
        if(((digitalRead(9))==(1))){
            digitalWrite(13,1);
        }else{
            digitalWrite(13,0);
        }
        Serial.println(digitalRead(9));
}
```

그림 3.19는 3개의 스위치 입력을 사용하여 3개의 LED를 각각 제어하는 블록코딩을 아두이노 모드로 변환하고 아두이노 IDE로 편집하기를 사용하여 아두이노 스케치 프로그램으로 전환된 것에서 필요한 부분을 복사하여 수정한 아두이노 스케치 프로그램을 나타낸다.

▎프로그램 실행

풀다운 메뉴에서 스케치를 선택하고 업로드를 하거나 업로드 아이콘을 사용하여 업로드를 실시하면 프로그램을 컴파일하고 에러가 없으면 업로드가 완료되어 프로그램을 실행할 수 있다. 3개의 스위치를 각각 누르게 되면 눌려진 스위치에 해당하는 LED가 점등하고 시리얼 모니터에 스위치의 입력상태를 표시하는 것을 확인할 수 있다.

그림 3.19 아두이노 스케치 프로그램

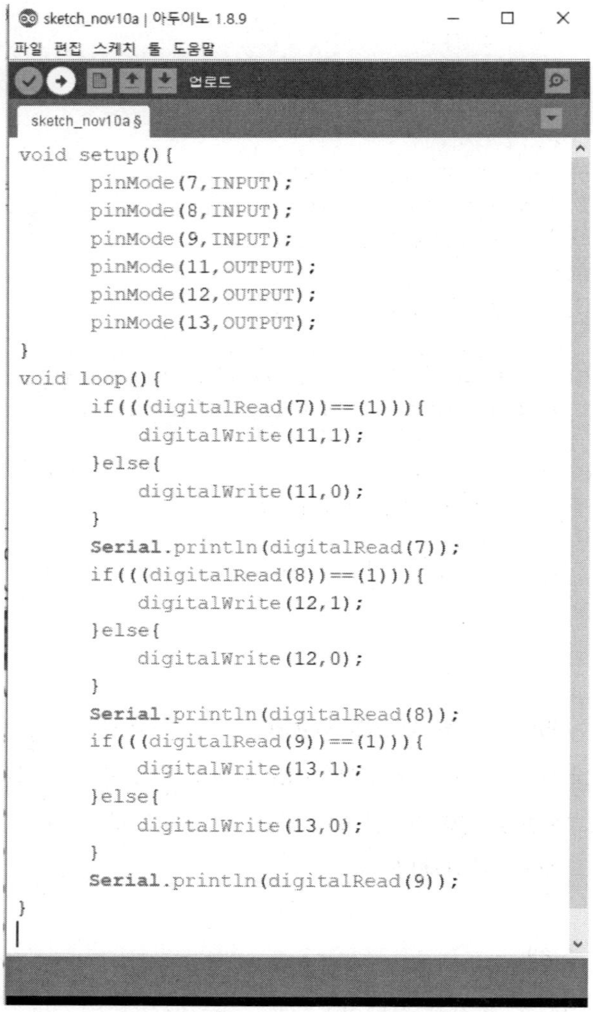

CHAPTER 4

LED 밝기제어

4.1 가변저항에 의한 LED 밝기제어

4.1.1 블록코딩에 의한 LED 밝기제어

▎목표

가변저항기를 사용하여 LED 밝기제어를 할 수 있는 전기회로를 그림 4.1과 같이 구축하고 LED의 밝기를 제어하는 블록코딩을 작성한다.

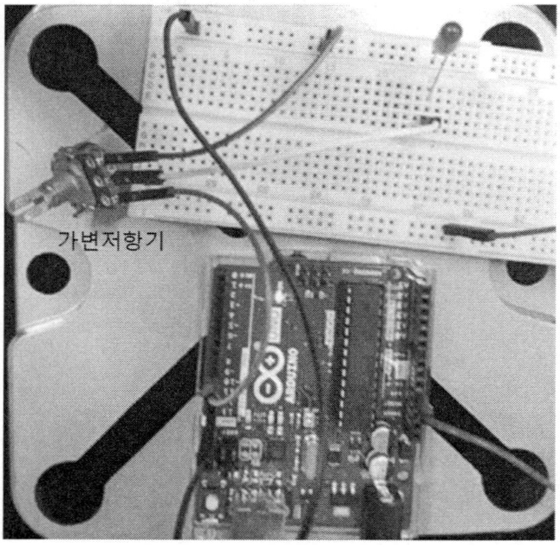

그림 4.1 가변저항과 LED제어 회로배선

▎전기회로 구성

그림 4.2는 가변저항기를 표시하는 방법을 나타낸다. 가변저항기의 표시에서 화살표는 변화가 가능하다는 것을 의미한다. 보통 3개 접점으로 표시하며 중앙의 접점이 출력을 나타낸다.

그림 4.2
가변저항기의 표시

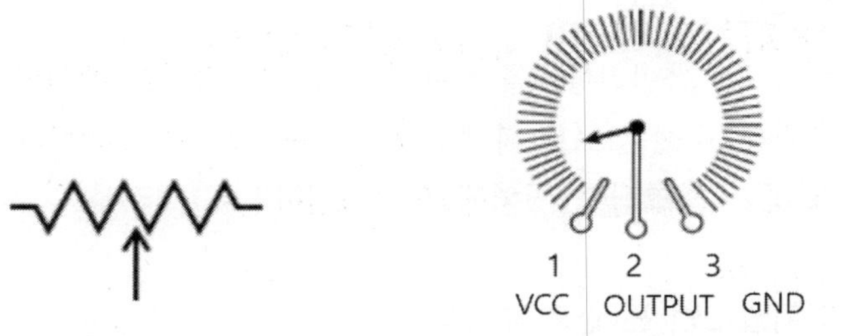

(a) 가변저항기의 표시 방식 (b) 가변저항기의 동작 방식

그림 4.3
가변저항기를 사용하는 LED제어 전기회로 구성

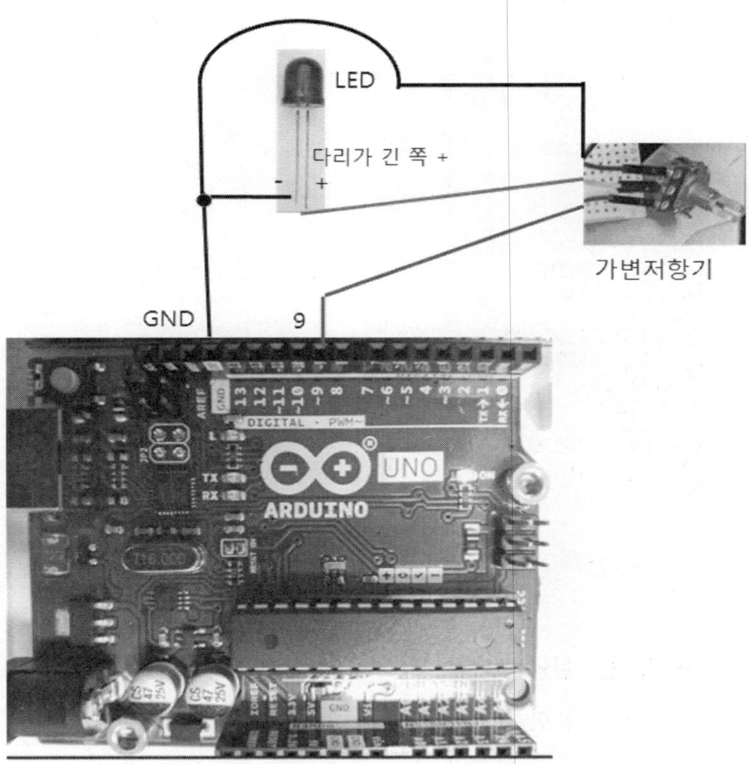

그림 4.3은 가변저항기와 아두이노 우노 보드를 사용하여 LED의 밝기를 제어할 수 있는 전기회로 구성을 나타낸다. 디지털 9번 핀에는 가변저항기 VCC를 연결하고 가변저항기의 출력인 중앙 접점에는 LED의 다리가 긴 쪽 +극성을 연결하고 LED의 다리가 짧은 쪽은 GND와 연결한다. 가변저항기의 나머지 접점은 GND와 연결한다.

❙ 블록코딩 작성

그림 4.4는 가변저항기를 사용하여 LED의 밝기를 제어할 수 있는 블록코딩을 나타낸다. 우선 로보트 파레트에서 “아두이노 프로그램“의 블록과 “무한 반복하기”블록을 스크립트 영역에 위치시킨다.

• 디지털 9번 핀에 켜짐 보내기

로보트 파레트에서 “디지털 9번 핀에 켜짐 보내기”블록을 클릭하여 “무한 반복하기”블록 안에 위치시킨다.

그림 4.4 가변저항기를 사용하는 블록코딩

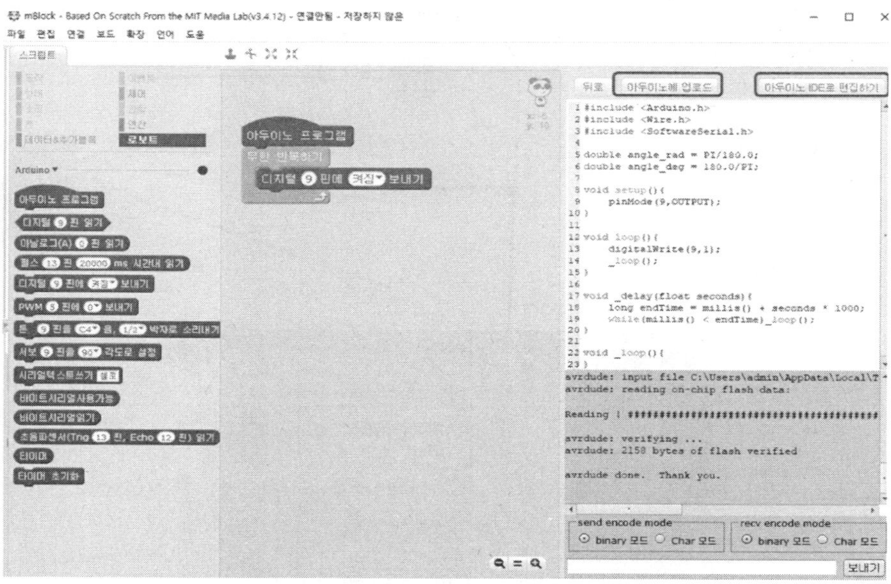

❙ 프로그램 실행

mBlock을 사용한 블록코딩이 완료되었으면 풀다운 메뉴의 연결을 선택하여서 시리얼 포트의 연결을 확인하고 풀다운 메뉴에서 편집을 선택하고 아두이노 모드를 선택한다. 아두이노에 업로드를 선택하면 블록코딩된 프로그램을 컴파일하고 아두이노 보드로 전송한다. 프로그램의 업로드가 완료되면 가변저항기를 사용하여 LED의 밝기가 제어되는 것을 확인할 수 있다.

4.1.2 아두이노 스케치에 의한 LED 밝기제어

▍목표

그림 4.3의 전기회로를 사용하고 그림 4.4에서 작성한 블록코딩을 활용하여 가변저항기로 LED의 밝기를 제어하는 아두이노 스케치 프로그램을 작성한다.

▍아두이노 IDE로 편집하기

그림 4.4와 같이 mBlock에서 작성된 블록코딩을 아두이노 모드로 전환하고 블록코딩으로 표현할 수 없는 기능을 아두이노 스케치에서 추가하기 위해서는 "아두이노 IDE로 편집하기"를 선택하여 아두이노 스케치를 기동시켜서 프로그램을 추가한다.

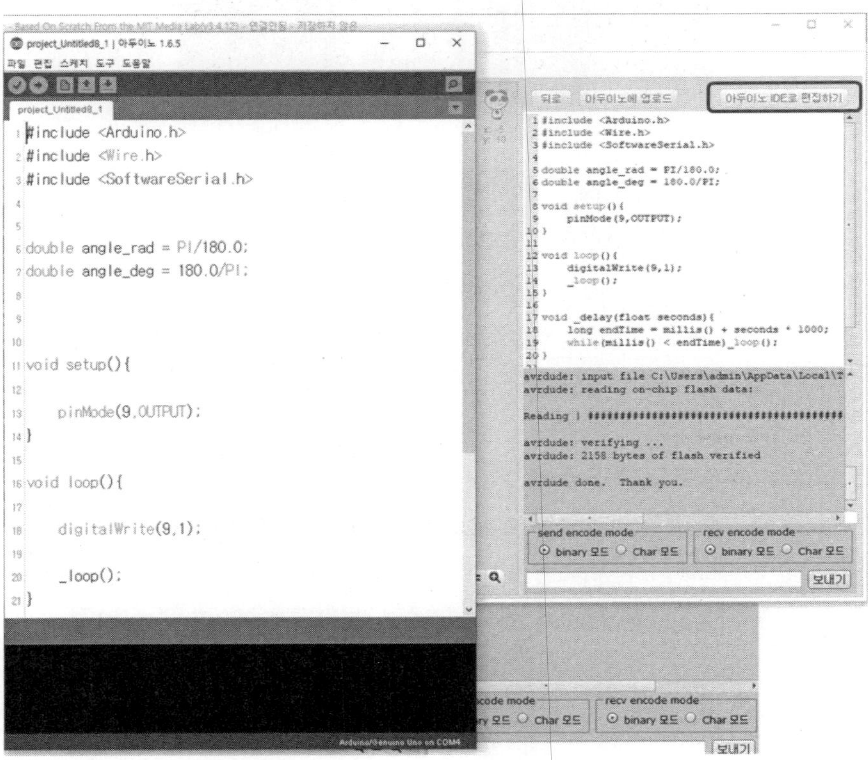

그림 4.5 아두이노 IDE로 편집하기

그림 4.5는 가변저항기를 사용하여 LED 밝기를 제어하는 블록코딩을 아두이노 모드로 전환하고 우측 상단의 아두이노 IDE로 편집하기를 실행하여 아두이노 스케치를 기동시킨 상태이다. void setup(){....}과 void loop(){....} 부분을 복사

하여서 새롭게 기동시킨 아두이노 스케치 프로그램에 붙여넣기를 하고 일부를 다음과 같이 수정한다.

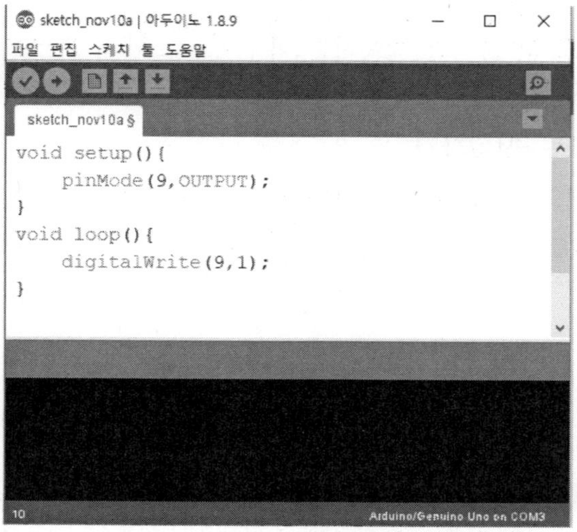

그림 4.6 아두이노 스케치 프로그램

```
void setup(){
    pinMode(9,OUTPUT);
}
void loop(){
    digitalWrite(9,1);
}
```

▍프로그램 실행

풀다운 메뉴에서 스케치를 클릭하여 업로드를 선택하면 컴파일하고 업로드가 실행된다. 디지털 9번 핀에는 항상 ON 신호가 출력되고 있으므로 가변저항기를 사용하여 LED의 밝기가 제어되는 것을 확인할 수 있다.

4.2 AD 변환과 PWM 제어

4.2.1 mBlock에 의한 LED 밝기제어

❙ 목표

가변저항기와 아두이노 보드를 사용하여 LED를 제어하는 그림 4.7의 전기회로를 사용하여 가변저항기의 출력값을 AD 변환하여 그 값을 사용하여 PWM 제어 방식으로 LED의 밝기를 제어하는 블록코딩을 작성한다.

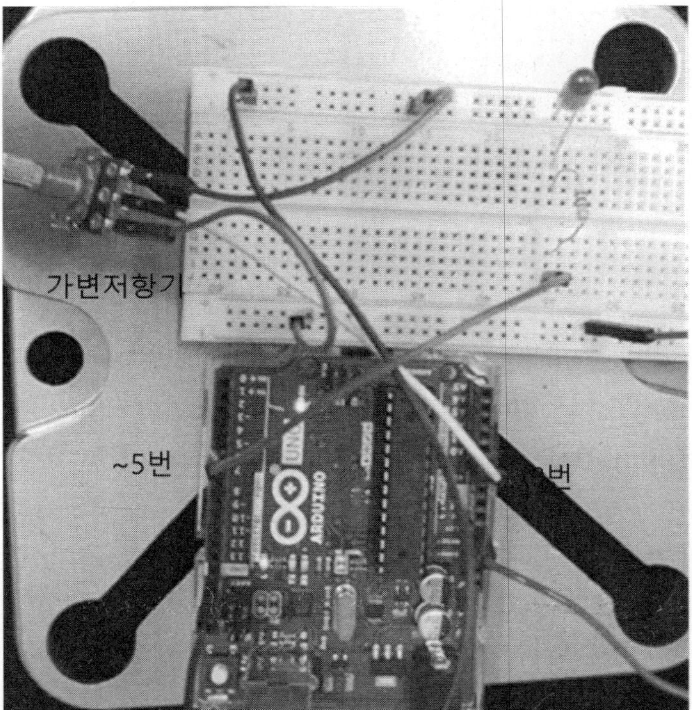

그림 4.7
AD 변환에 의한 PWM 제어 전기회로

❙ 전기회로 구성

그림 4.8은 가변저항기의 출력값을 AD(아날로그 값을 디지털 값으로 변환)변환하고 그 값으로 LED 밝기를 제어하는 전기회로 구성을 나타낸다. 가변저항기의 출력을 나타내는 중앙에 있는 접점은 AD 변환이 가능한 A0 핀에 연결하고 좌우의 접점은 VCC와 GND에 연결한다. LED의 다리가 긴 쪽은 +극성을 나타내므로 330[Ω]의 저항과 연결하고 저항은 다른 쪽은 PWM(Pulse Width

Modulation, 펄스 폭 변조) 제어를 가능하게 하는 디지털 5번 핀에 연결하고 LED의 다리가 짧은 쪽은 GND와 연결한다.

그림 4.8
가변저항기와 LED를 가진 전기회로 구성

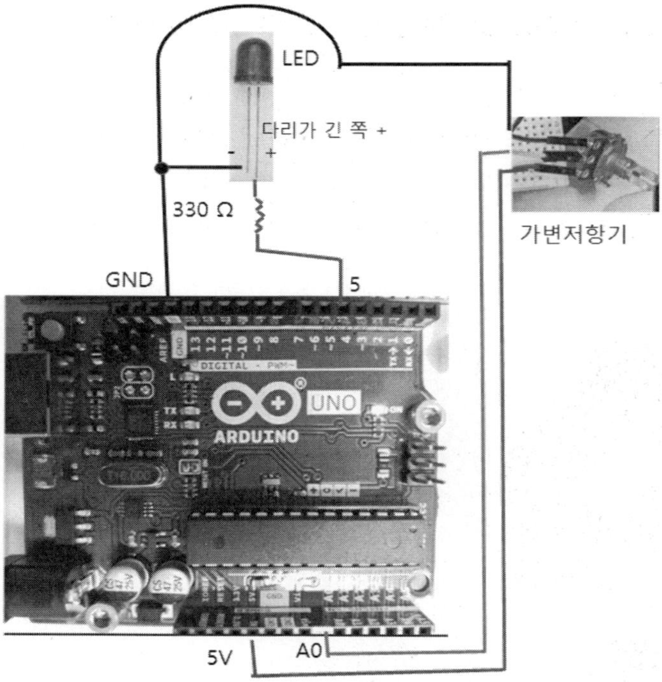

▌블록코딩 작성

그림 4.9는 AD 변환과 PWM 제어의 관계를 나타낸다. 가변 저항기의 값은 AD 변환이 가능한 A0 핀에 연결되어 있으며 AD 변환은 10비트(십진수, 0~1023)를 가지고 있는 AD 변환기를 사용하여 아날로그 값을 디지털 값으로 변환한다. PWM 제어를 가능하게 하는 5번 핀에는 8 비트(십진수, 0~255)의 디지털 신호를 출력할 수 있다. PWM 제어방식은 5번 핀에 출력 값으로 0~100 [%] 비율로 ON 신호를 출력할 수 있다.

그림 4.10은 그림 4.8의 전기회로를 사용하여 가변저항기의 출력 값을 AD 변환하고 이를 활용하여 PWM 제어방식으로 LED의 밝기를 제어하는 블록코딩을 나타낸다. 우선 로보트 파레트에서 "아두이노 프로그램"의 블록과 제어 파레트에서 "무한 반복하기"블록을 스크립트 영역에 위치시킨다.

그림 4.9 AD 변환과 PWM의 관계

✓ **AD변환(10비트) : 0~1023(10진수)**

0	1	0	1	1	1	0	1	1	0
2^9	2^8	2^7	2^6	2^5	2^4	2^3	2^2	2^1	2^0

✓ **PWM(8비트) : 0~255(10진수)**

0	1	1	1	0	1	1	0
2^7	2^6	2^5	2^4	2^3	2^2	2^1	2^0

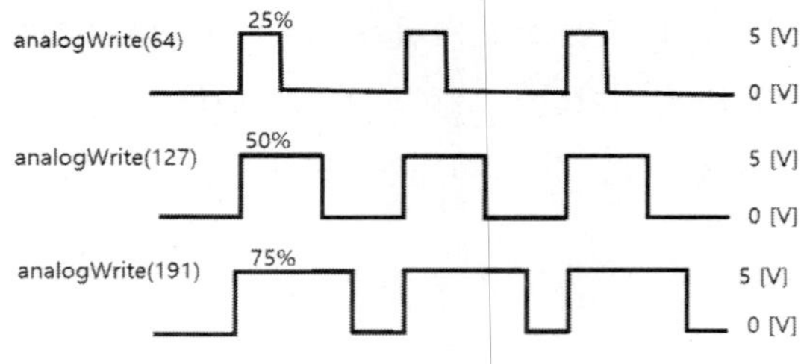

그림 4.10 PWM 제어를 위한 블록코딩

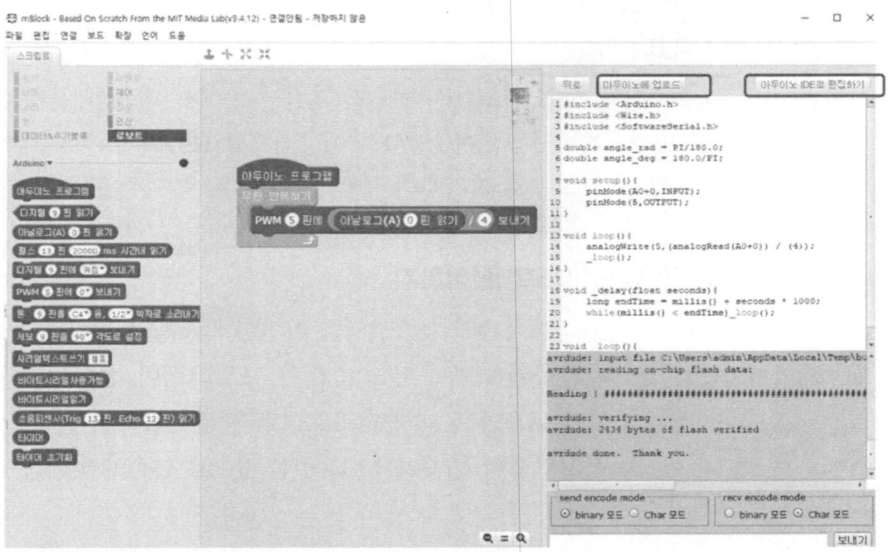

• PWM 5번 핀에 0 보내기

로보트 파레트에서 "PWM 5번 핀에 0 보내기"블록을 클릭하여 "무한 반복하기" 블록 안에 위치시킨다.

• 나누기 사용

연산 파레트에서 "()/()"블록을 가져와서 "PWM 5번 핀에 0 보내기"블록의 0 자리에 위치시키고 분자에는 "아날로그 A0 핀 읽기"를 위치시키고 분모는 4를 입력하여 10 비트의 값을 8 비트의 값으로 바꾼다.

❙ 프로그램 실행

풀다운 메뉴에서 편집을 선택하고 아두이노 모드를 클릭하면 가변저항기의 값을 AD 변환하여 PWM 제어방식으로 LED의 밝기를 제어하는 블록코딩은 아두이노 스케치 형식으로 자동 변환된다. 우측의 상단에 있는 아두이노에 업로드를 선택하면 프로그램을 컴파일하여서 아두이노 보드로 전송되고 가변저항기를 회전하면 저항값이 변화하여 AD 변환 값이 변화되고 PWM 제어로 LED의 밝기가 달라지는 것을 확인할 수 있다.

4.2.2 아두이노 스케치에 의한 LED 밝기제어

❙ 목표

그림 4.8의 전기회로를 사용하고 그림 4.10에서 작성한 블록코딩을 활용하여 AD 변환 값을 사용하여 PWM 제어방식으로 LED의 밝기를 제어하는 아두이노 스케치 프로그램을 작성한다.

❙ 아두이노 IDE로 편집하기

그림 4.11은 그림 4.10의 블록코딩을 아두이노 모드로 변환하고 아두이노 IDE로 편집하기를 선택하여 아두이노 스케치 프로그램이 실행된 상태를 나타낸다. 현 상태에서 업로드를 선택하면 프로그램을 컴파일하고 에러가 없으면 아두이노 보드로 프로그램이 전송되어 AD 변환 값으로 LED의 밝기를 제어할 수 있다.

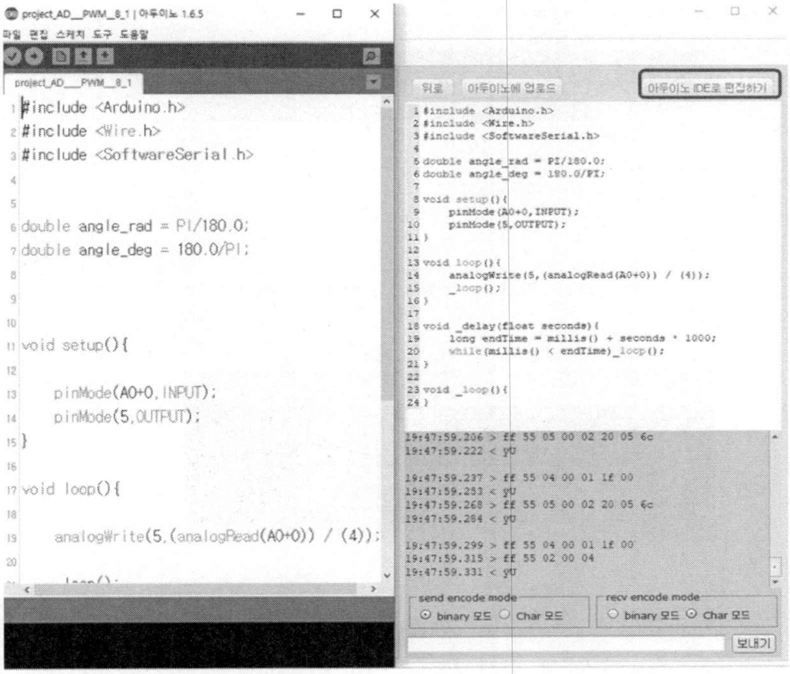

그림 4.11 아두이노 IDE로 편집하기

▌아두이노 스케치 프로그램 작성

그림 4.12는 그림 4.11에서 작성한 가변저항기 값을 AD 변환하고 그 값을 사용하여 PWM 제어방식으로 LED의 밝기를 제어하는 아두이노 스케치 프로그램을 나타낸다. 그림 4.11에서 void setup(){....}과 void loop(){....} 부분을 복사하여서 새롭게 기동시킨 아두이노 스케치 프로그램에 붙여넣기를 하고 일부를 다음과 같이 수정한다.

```
void setup(){
    pinMode(A0+0,INPUT);
    pinMode(5,OUTPUT);
}
void loop(){
    analogWrite(5,(analogRead(A0+0)) / (4));
}
```

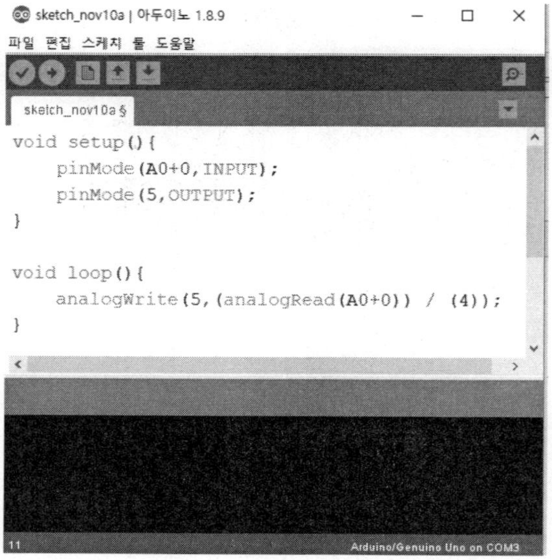

그림 4.12
PWM제어를 위한 아두이노 스케치 프로그램

▎프로그램 실행

풀다운 메뉴에서 스케치를 선택하고 업로드를 하거나 업로드 아이콘을 사용하여 업로드를 실시하면 프로그램을 컴파일하고 에러가 없으면 업로드가 완료되어 프로그램을 실행할 수 있다. 가변저항기를 사용하여 저항 값을 변화시키면 AD 변환 값이 변화하고 AD 변환 값에 따라서 PWM 제어신호도 변화하면서 LED의 밝기가 변화하는 것을 확인할 수 있다.

4.3 RGB 3색 LED 제어

4.3.1 mBlock에 의한 LED제어

▎목표

가변저항기 3개를 사용하여 RGB 3색 LED의 다양한 색상을 제어할 수 있는 그림 4.13과 같은 전기회로를 구성하고 가변저항기를 사용하여 RGB 3색 LED의 색상을 조정하는 블록코딩을 작성한다.

그림 4.13
3색 LED 제어 전기회로 사진

❙ 전기회로 구성

그림 4.14는 RGB 3색 LED의 타입 종류를 나타내며 애노드와 캐소드 타입으로 구분한다. 캐소드 타입은 다리가 가장 긴 것을 Common Cathode로 사용하고 다음 다리가 짧은 것은 Red Cathode이다. 애노드 타입은 다리가 가장 긴 것을 Common Anode로 사용하고 다음 다리가 짧은 것은 Red Cathode이다.

그림 4.14
RGB 3색 LED의 타입 구분

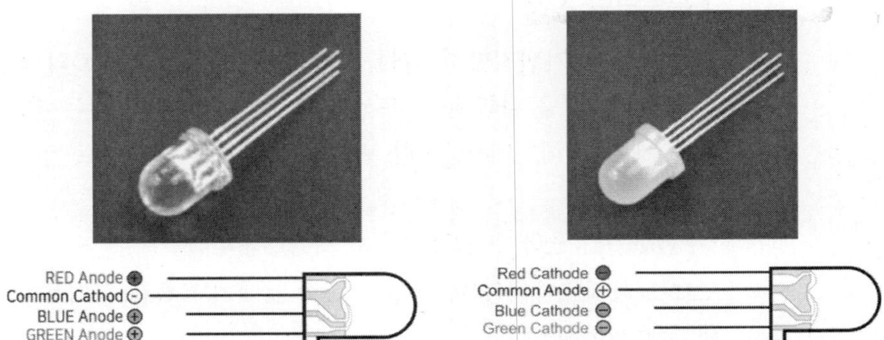

정격전압(빨강): DC 1.8~2.2V
정격전압(파랑): DC 3.0~3.4V
정격전압(초록): DC 3.0~3.4V
정격전류: 20m~60mA

(a) RGB 3색 LED / 캐소드 타입

정격전압(빨강): DC 1.8~2.2V
정격전압(파랑): DC 3.0~3.4V
정격전압(초록): DC 3.0~3.4V
정격전류: 20m~60mA

(b) RGB 3색 LED / 애노드 타입

그림 4.15는 가변저항기 3개를 사용하여 GRB 3색 LED의 색상을 제어할 수 있는 전기회로를 나타낸다. 여기서는 애노드 타입의 RGB 3색 LED를 사용하고 있으므로 가장 다리가 긴 쪽에 VCC를 연결한다. 3개의 가변저항기의 한쪽 끝에

있는 접점에는 VCC를 연결하고 중앙에 있는 접점에는 Red, Blue, Green의 순서로 연결하고 Red는 11번 핀에, Blue는 10번 핀에, Green은 9번 핀에 연결한다.

그림 4.15
RGB 3색 LED의 색상을 제어하는 전기회로 구성

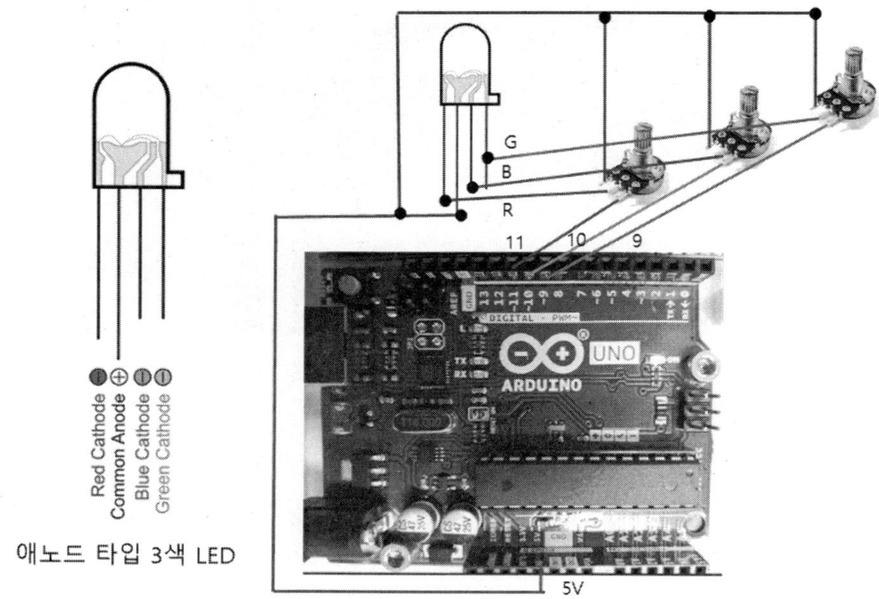

▌블록코딩 작성

그림 4.16은 가변저항기 3개를 사용하여 RGB 3색 LED의 색상을 제어할 수 있는 블록코딩을 나타낸다. 우선 로보트 파레트에서 "아두이노 프로그램"의 블록과 제어 파레트에서 "무한 반복하기"블록을 스크립트 영역에 위치시킨다.

• PWM 9번 핀에 0 보내기

로보트 파레트에서 "PWM 9번 핀에 0 보내기"블록을 클릭하여 "무한 반복하기" 내부에 위치시킨다.

• 복사하기

마우스를 "PWM 9번 핀에 0 보내기" 블록 위에 올려놓고 마우스 오른쪽 버튼을 클릭하여 복사를 선택하여 "PWM 9번 핀에 0 보내기"블록 밑에 위치시키고 9번을 10번으로 변경한다. 다음은 10번 핀에 해당하는 블록을 복사하여 10핀의 블록 밑에 위치시키고 10번을 11번으로 변경한다.

그림 4.16 RGB 3색 LED의 색상을 제어하는 블록코딩

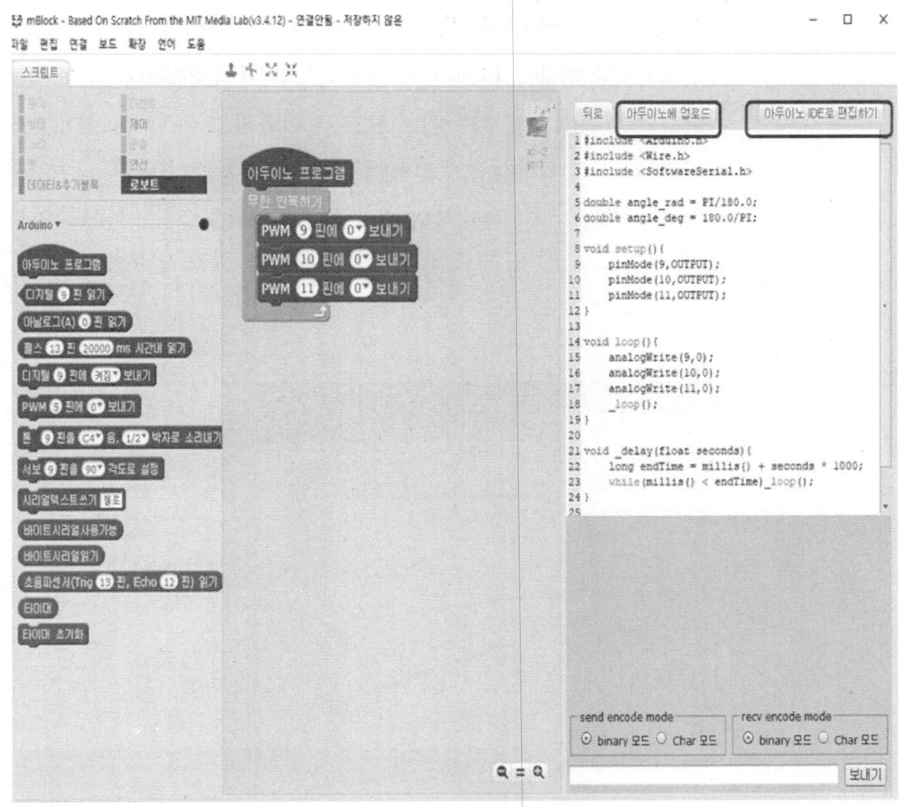

▎프로그램 실행

풀다운 메뉴에서 편집을 선택하고 아두이노 모드를 클릭하면 3개의 가변저항기를 사용하여 RGB 3색 LED의 색상을 제어하는 블록코딩은 아두이노 스케치 프로그램으로 자동 전환된다. 우측의 상단에 있는 아두이노에 업로드를 선택하면 프로그램을 컴파일하여서 아두이노 보드로 전송되고 3개의 가변저항기의 저항값을 변화시키면 RGB 3색 LED의 색상이 다양하게 변화하는 것을 확인할 수 있다.

4.3.2 아두이노 스케치에 의한 LED 밝기제어

▎목표

그림 4.15의 전기회로를 사용하여 3개의 가변저항기를 사용하여 RGB 3색 LED의 색상을 제어하는 아두이노 스케치 프로그램을 작성한다.

▌아두이노 스케치 프로그램 작성

그림 4.17은 그림 4.16에서 작성한 3개의 가변저항기로 RGB 3색 LED의 색상을 제어하는 블록코딩을 아두이노 모드로 변환하고 아두이노 IDE로 편집하기를 선택하여 아두이노 스케치 프로그램이 기동된 상태를 나타낸다. 여기서 필요한 부분은 void setup(){....}과 void loop(){....} 부분이므로 이를 복사하여서 새롭게 기동시킨 아두이노 스케치 프로그램에 붙여넣기를 하고 일부를 다음과 같이 수정한다.

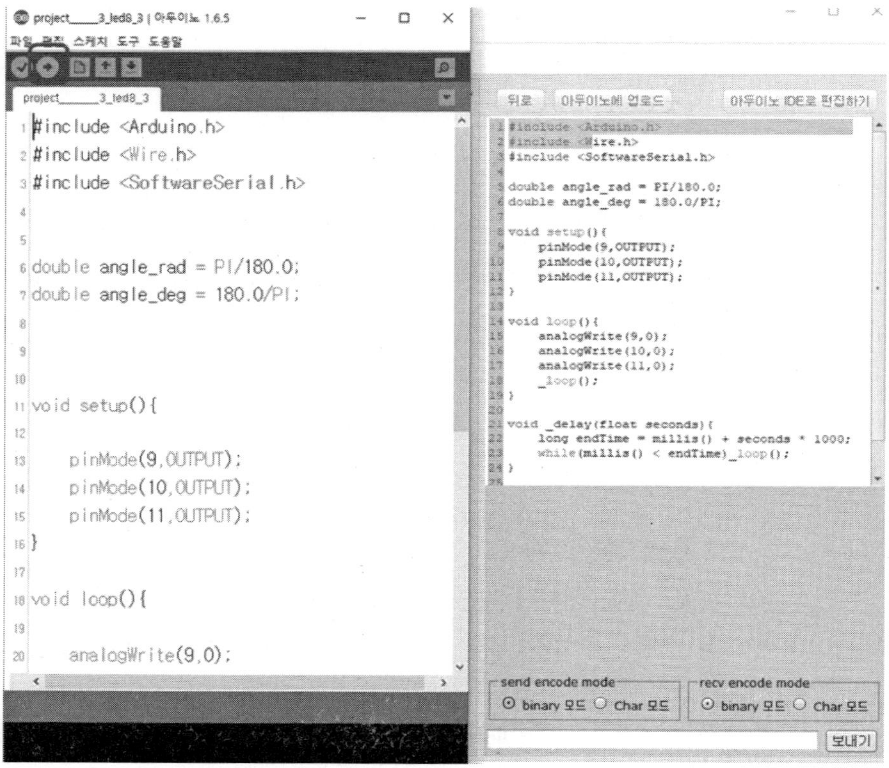

그림 4.17
아두이노 IDE로 편집하기

```
void setup(){
    pinMode(9,OUTPUT);
    pinMode(10,OUTPUT);
    pinMode(11,OUTPUT);
}
void loop(){
    analogWrite(9,0);
    analogWrite(10,0);
    analogWrite(11,0);
}
```

그림 4.18
아두이노 스케치 프로그램

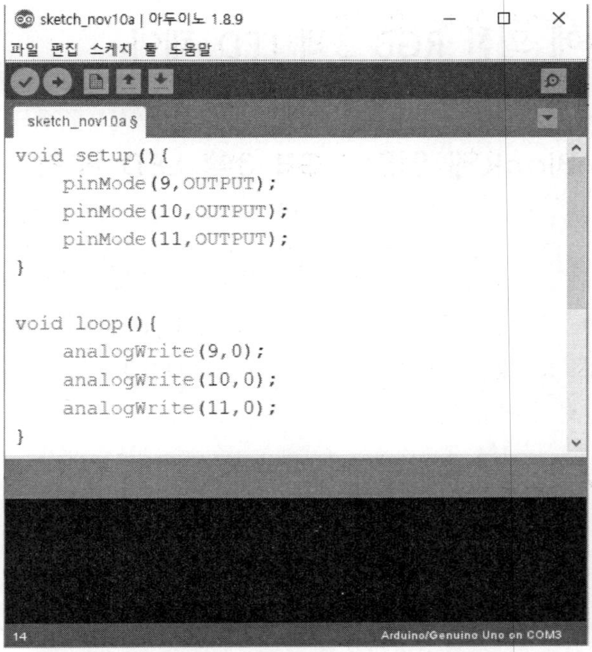

그림 4.18은 3개의 가변저항기를 사용하여 RGB 3색 LED의 색상을 제어하는 블록코딩을 아두이노 모드로 변환하고 아두이노 IDE로 편집하기를 사용하여 아두이노 스케치 프로그램으로 전환된 것에서 필요한 부분을 복사하여 수정한 아두이노 스케치 프로그램을 나타낸다.

▎프로그램 실행

풀다운 메뉴에서 스케치를 선택하고 업로드를 하거나 업로드 아이콘을 사용하여 업로드를 실시하면 프로그램을 컴파일하고 에러가 없으면 업로드가 완료되어 프로그램을 실행할 수 있다. 3개의 가변저항기를 각각 변화시키면 가변저항기에 해당하는 저항값이 변화하고 그에 따라서 RGB의 색상이 다양하게 변화하는 것을 확인할 수 있다.

4.4 AD 변환에 의한 RGB 3색 LED 제어

4.4.1 mBlock에 의한 RGB 3색 LED 제어

▎목표

3개의 가변저항기의 값을 AD 변환하여 PWM 제어방식으로 RGB 3색 LED의 다양한 색상을 제어할 수 있는 그림 4.19의 전기회로를 사용하고 3개의 가변저항기의 저항값을 각각 변화시켜서 RGB 3색 LED가 다양한 색상으로 변화하는 블록코딩을 작성한다.

그림 4.19
AD 변환과 PWM 제어 전기회로 사진

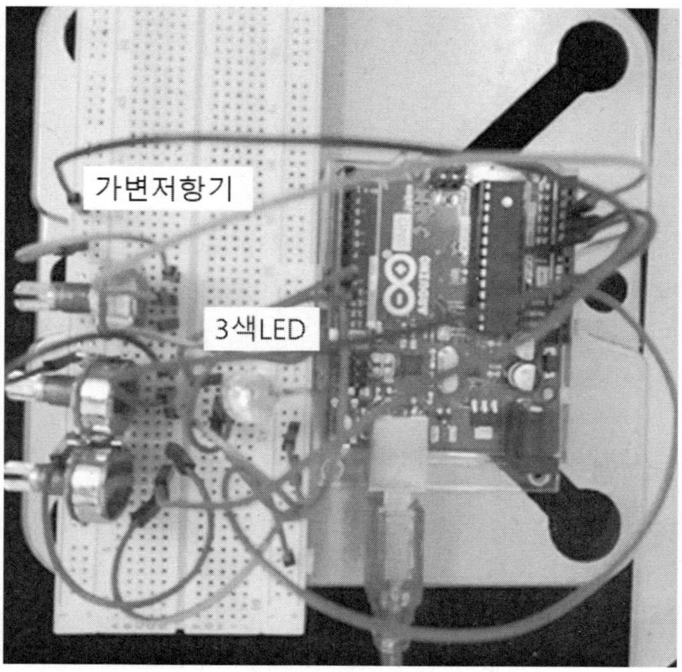

▎전기회로 구성

그림 4.20은 가변저항기 3개를 사용하여 GRB 3색 LED의 색상을 제어할 수 있는 전기회로를 나타낸다. 여기서는 애노드 타입의 RGB 3색 LED를 사용하고 있으므로 가장 다리가 긴 쪽에 VCC를 연결하고 두 번째 다리가 긴 것은 Red, VCC 옆에 있는 다리는 Blue, 다음 다리는 Green의 순서이므로 Red는 11번 핀에, Blue는 10번 핀에, Green은 9번 핀에 연결한다. 3개의 가변저항기의 한쪽

끝에 있는 접점에는 VCC를 연결하고 중앙에 있는 접점에는 10 비트의 AD 변환을 가능하게 하는 A0, A1, A2 핀에 연결하고 나머지 한쪽 끝의 핀에는 GND와 연결한다.

그림 4.20 3개의 가변저항과 3색 LED를 가진 전기회로 구성

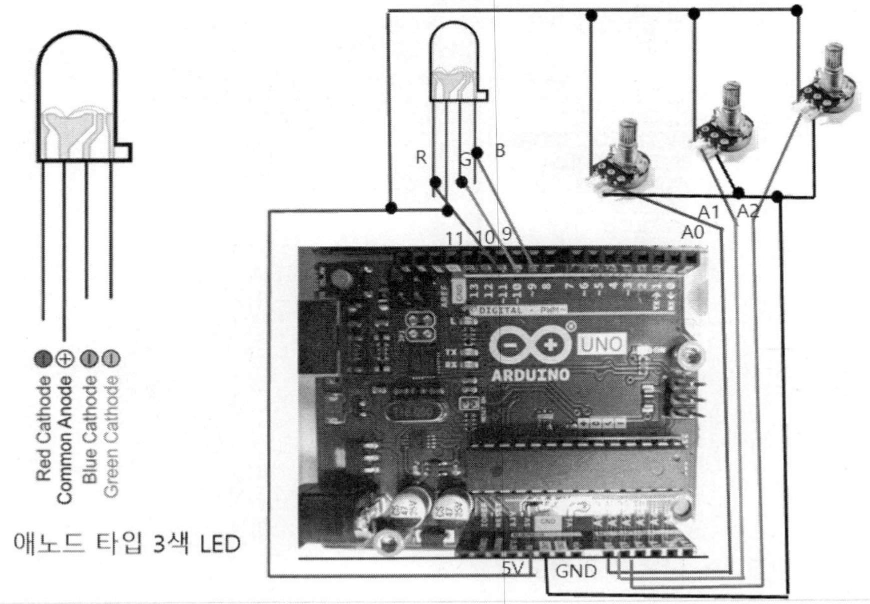

▎블록코딩 작성

그림 4.21은 3개의 가변저항기를 사용하고 저항기의 값을 AD 변환하여 PWM 제어방식으로 RGB 3색 LED의 다양한 색상을 제어할 수 있는 블록코딩을 나타낸다. 우선 로보트 파레트에서 "아두이노 프로그램"의 블록과 제어 파레트에서 "무한 반복하기"블록을 스크립트 영역에 위치시킨다.

- PWM 9번 핀에 0 보내기

로보트 파레트를 선택하고 "PWM 9번 핀에 0 보내기"블록을 클릭하여 무한 반복하기 블록 내부에 위치시킨다.

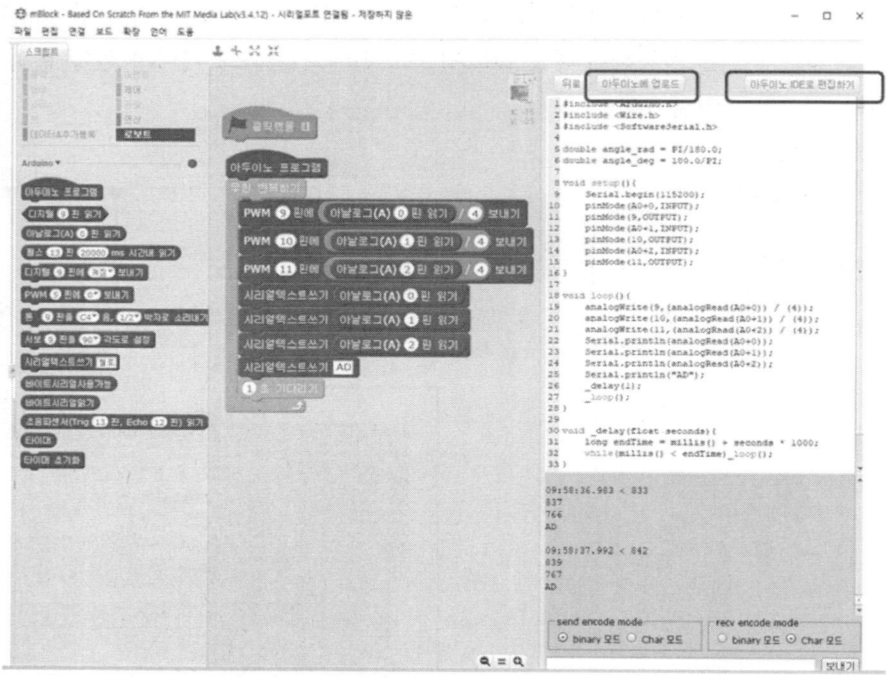

그림 4.21 PWM 제어방식으로 RGB 3색 LED의 색상을 제어하는 블록코딩

- 나누기 가져오기

연산 파레트를 선택하고 "분자/분모"블록을 클릭하여 "PWM 9번 핀에 0 보내기" 블록의 0 자리에 위치시킨다.

- 아날로그 A0 핀 읽기

로보트 파레트를 선택하고 "아날로그 A0 핀 읽기"블록을 클릭하여 "PWM 9번 핀에 분자/분모 보내기"블록의 분자 자리에 위치시키고 분모는 4를 입력한다.

- 복사하기

마우스를 "PWM 9번 핀에 A0/4 보내기" 블록 위에 올려놓고 마우스 오른쪽 버튼을 클릭하여 복사를 선택하고 바로 밑에 블록을 붙여넣기를 하고 9번을 10번으로 변경하고 A0는 A1으로 변경한다. 다시 마우스를 "PWM 10번 핀에 A1/4 보내기" 블록 위에 올려놓고 마우스 오른쪽 버튼을 클릭하여 복사를 선택하고 바로 밑에 블록을 붙여넣기를 하고 10번을 11번으로 변경하고 A1은 A2로 변경한다.

• 시리얼 텍스트 쓰기

로보트 파레트에서 "시리얼 텍스트 쓰기(헬로)"블록을 클릭하여 "PWM 11번 핀에 A2/4 보내기" 블록 아래쪽에 위치시키고 헬로 자리에 "아날로그 A0 핀 읽기"블록을 위치시킨다.

• 시리얼 텍스트 쓰기 복사하기

마우스를 "아날로그 A0 핀 읽기"블록 위에 올려놓고 마우스 오른쪽 버튼을 클릭하여 복사해서 "아날로그 A0 핀 읽기"블록 아래쪽에 위치시키고 A0를 A1으로 변경한다. 다시 마우스를 "아날로그 A1 핀 읽기"블록 위에 올려놓고 마우스 오른쪽 버튼을 클릭하여 복사해서 "아날로그 A1 핀 읽기"블록 아래쪽에 위치시키고 A1을 A2로 변경한다.

▌프로그램 실행

풀다운 메뉴에서 편집을 선택하고 아두이노 모드를 클릭하면 3개의 가변저항기를 사용하여 저항값을 변화시키면 그에 해당하는 AD 변환값이 생성되고 이를 사용하여 RGB 3색 LED의 색상을 제어하고 그 값을 모니터링하는 블록코딩은 아두이노 스케치 프로그램으로 자동 전환된다. 우측의 상단에 있는 아두이노에 업로드를 선택하면 프로그램을 컴파일하여서 아두이노 보드로 전송되고 3개 가변저항기에 의한 저항값 변화를 AD 변환하여 RGB 3색 LED의 다양한 색상을 제어하고 가변저항기의 AD 변환값을 시리얼 모니터에 출력한다.

4.4.2 아두이노 스케치에 의한 LED제어

▌목표

그림 4.20의 전기회로를 사용하여 3개의 가변저항기의 저항값을 AD변환하고 그 값을 활용하여 PWM 제어하여 RGB 3색 LED의 다양한 색상을 제어하고 가변저항기의 저항값을 AD 변환하여 시리얼 모니터에 출력하는 아두이노 스케치 프로그램을 작성한다.

▌아두이노 스케치 프로그램 작성

아두이노 스케치 프로그램을 작성하기 위해서는 mBlock을 사용하여 블록코딩하고 이를 아두이노 모드로 변경한 상태에서 아두이노 IDE로 편집하기를 선택하여 필요한 부분을 복사하여 수정하는 것이 편리하다.

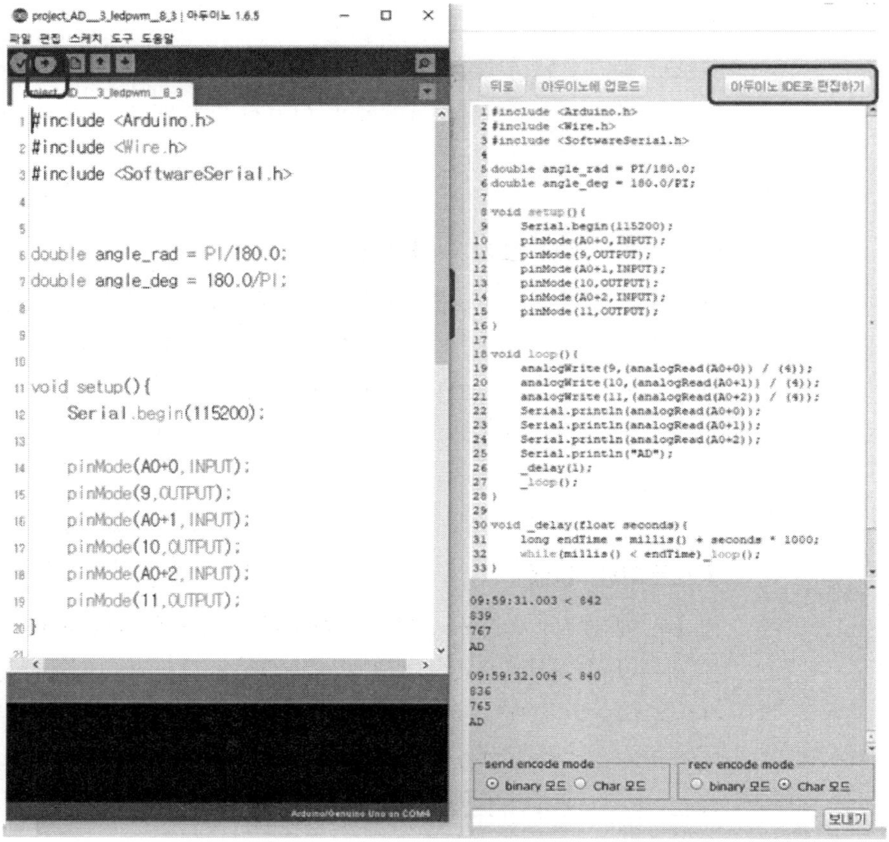

그림 4.22
아두이노 IDE로 편집하기

그림 4.22는 그림 4.21에서 작성한 3개의 가변저항기의 저항값을 AD 변환하여 PWM 제어방식으로 RGB 3색 LED의 색상을 제어하고 가변저항기의 저항값을 AD 변환하여 모니터링하는 블록코딩을 아두이노 모드로 변환하여 아두이노 IDE로 편집하기를 선택하여 아두이노 스케치 프로그램이 기동된 상태를 나타낸다. 여기서 필요한 부분은 void setup(){....}과 void loop(){....}부분이므로 이를 복사하여서 새롭게 기동시킨 아두이노 스케치 프로그램에 붙여넣기를 하고 일부를 다음과 같이 수정한다.

```
void setup(){
    Serial.begin(115200);
    pinMode(A0+0,INPUT);
    pinMode(9,OUTPUT);
    pinMode(A0+1,INPUT);
    pinMode(10,OUTPUT);
```

```
    pinMode(A0+2,INPUT);
    pinMode(11,OUTPUT);
}

void loop(){
    analogWrite(9,(analogRead(A0+0)) / (4));
    analogWrite(10,(analogRead(A0+1)) / (4));
    analogWrite(11,(analogRead(A0+2)) / (4));
    Serial.println(analogRead(A0+0));
    Serial.println(analogRead(A0+1));
    Serial.println(analogRead(A0+2));
    Serial.println("AD");
    delay(1000);
}
```

그림 4.23은 3개의 가변저항기를 사용하여 변화시킨 저항값을 AD 변환하여 PWM 제어방식으로 RGB 3색 LED의 색상을 제어하고 가변저항기의 저항값을 AD 변환하여 시리얼 모티터에 출력하는 아두이노 스케치 프로그램을 나타낸다.

▌프로그램 실행

풀다운 메뉴에서 스케치를 선택하고 업로드를 하거나 업로드 아이콘을 사용하여 업로드를 실시하면 프로그램을 컴파일하고 에러가 없으면 업로드가 완료되어 프로그램을 실행할 수 있다. 3개의 가변저항기의 저항값을 변화시키면 해당하는 저항값이 AD 변환되어 3색 LED의 색상을 제어하고 그때에 발생한 저항값의 변화는 시리얼 모니터에 출력되는 것을 확인할 수 있다.

그림 4.23
아두이노 스케치 프로그램

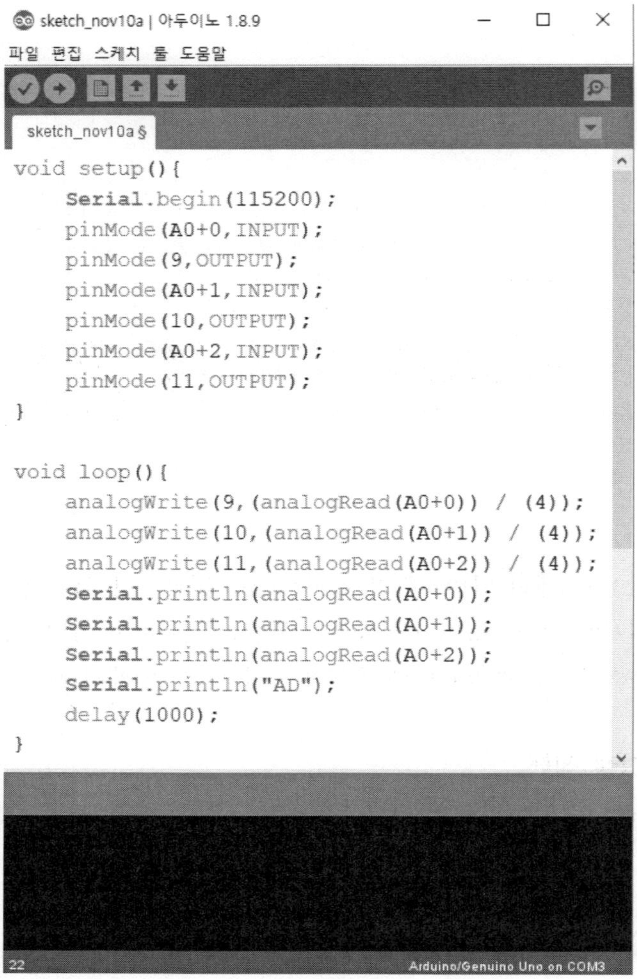

CHAPTER 5

센서와 모니터링

5.1 조도측정과 LED제어

5.1.1 블록코딩에 의한 조도측정과 LED 제어

▎목표

조도센서를 사용하여 밝기를 측정하고 그 값을 AD 변환하여 LED의 밝기제어를 할 수 있는 전기회로를 그림 5.1과 같이 구축하고 LED의 밝기를 제어하는 블록코딩을 작성한다.

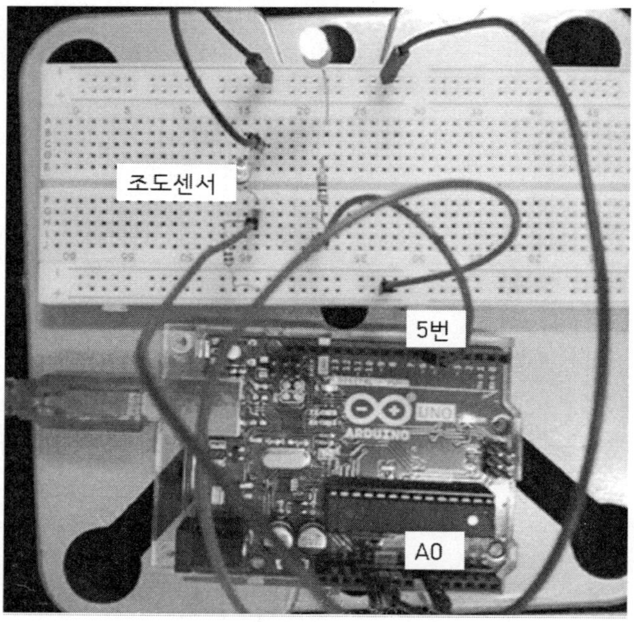

그림 5.1
조도센서와 LED

▎전기회로 구성

그림 5.2는 광에너지(빛)를 받으면 내부에 움직이는 전자가 발생하여 전도율이 변하는 광전효과를 가지는 황화카드뮴(Cds) 소자를 사용하는 Cds 센서를 나타낸다. 빛의 밝기를 측정하는 Cds 센서는 극성을 가지고 있지않으며 AD 변환값으로 밝기를 측정한다.

그림 5.2
조도센서의 구조

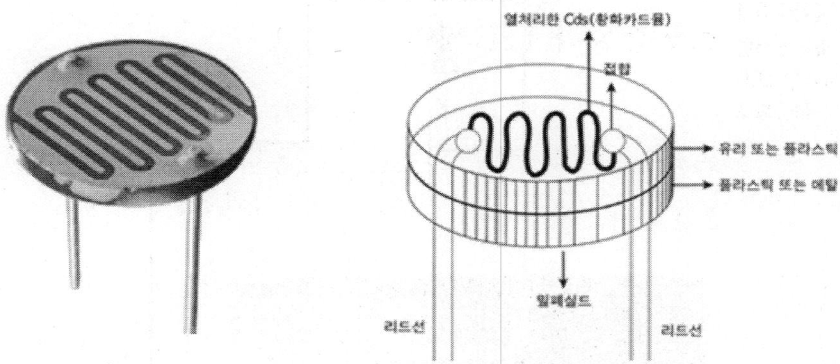

(a) 조도센서(Cds) (b) 조도센서(Cds)의 구조

그림 5.3
조도센서의 풀업 저항

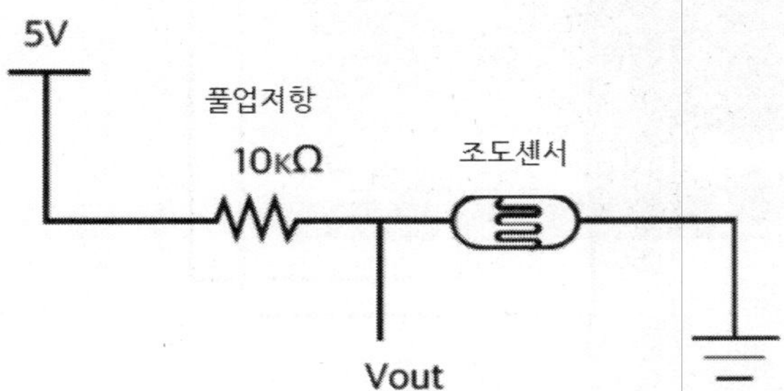

그림 5.3은 조도센서에 사용되고 있는 풀업 저항과 조도센서의 전기회로를 나타낸다. 조도센서는 빛의 밝기가 매우 밝거나 저항이 매우 작은 경우 과전류가 흐를 수 있으므로 조도센서의 저항값에 따른 전압을 신호로 입력을 받기 위해서 10 [kΩ]의 풀업 저항을 사용한다.

그림 5.4는 조도센서를 사용하여 LED의 밝기를 제어하는 전기회로 구성을 나타낸다. 조도센서에는 풀업 저항 10 [kΩ]을 사용하여 VCC와 조도센서를 연결하고 풀업 저항과 조도센서 사이의 단자는 AD 변환하는 A0 핀과 연결하고 LED는 PWM 제어가 가능한 5번 핀과 저항을 거쳐서 다리가 긴 쪽에 연결하고 다른 쪽은 GND와 연결한다.

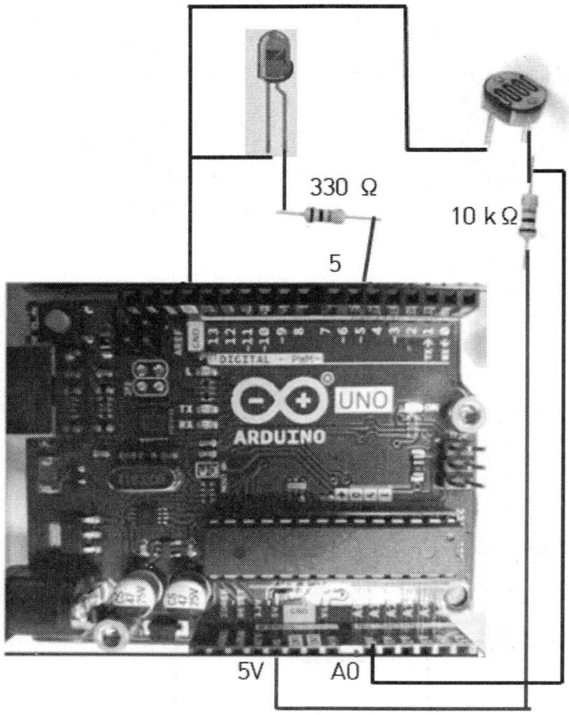

그림 5.4 조도센서를 사용한 LED 점등회로

▍블록코딩 작성

그림 5.5는 조도센서로 빛의 밝기를 측정하고 그 값을 AD 변환하여 LED의 밝기를 PWM으로 제어하는 블록코딩을 나타낸다. 우선 로보트 파레트에서 "아두이노 프로그램"의 블록과 "무한 반복하기"블록을 스크립트 영역에 위치시킨다.

• PWM 5번 핀에 0 보내기

로보트 파레트에서 "PWM 5번 핀에 0 보내기"블록을 클릭하여 "무한 반복하기" 블록 안에 위치시킨다.

• 분자/분모 가져오기

연산 파레트에서 "분자/분모"블록을 클릭하여 "PWM 5번 핀에 0 보내기"블록의 0 자리에 위치시키고 분자에는 로보트 파레트에서 "아날로그 A0 핀 읽기"블록을 위치시키고 분모에는 4를 입력한다.

• 시리얼 텍스트 쓰기 (분자/분모)

로보트 파레트에서 "시리얼 텍스트 쓰기(첼로)"블록을 클릭하여 "PWM 5번 핀에 분자/분모 보내기"블록 아래쪽에 위치시키고 연산 파레트에서 "분자/분모"블록을 클릭하여 "시리얼 텍스트 쓰기 (첼로)"블록의 첼로 자리에 위치시키고 분자에는 로보트 파레트에서 "아날로그 A0 핀 읽기"블록을 위치시키고 분모에는 4를 입력한다.

• 시리얼 텍스트 쓰기 (A0핀)

로보트 파레트에서 "시리얼 텍스트 쓰기(첼로)"블록을 클릭하여 "시리얼 텍스트 쓰기 (분자/분모)" 블록 아래쪽에 위치시키고 첼로 자리에는 로보트 파레트에서 "아날로그 A0 핀 읽기"블록을 위치시킨다.

• 1초 기다리기

제어 파레트에서 "1초 기다리기"블록을 클릭하여 "시리얼 텍스트 쓰기 (아날로그 A0 핀 읽기)" 블록 아래쪽에 위치시킨다.

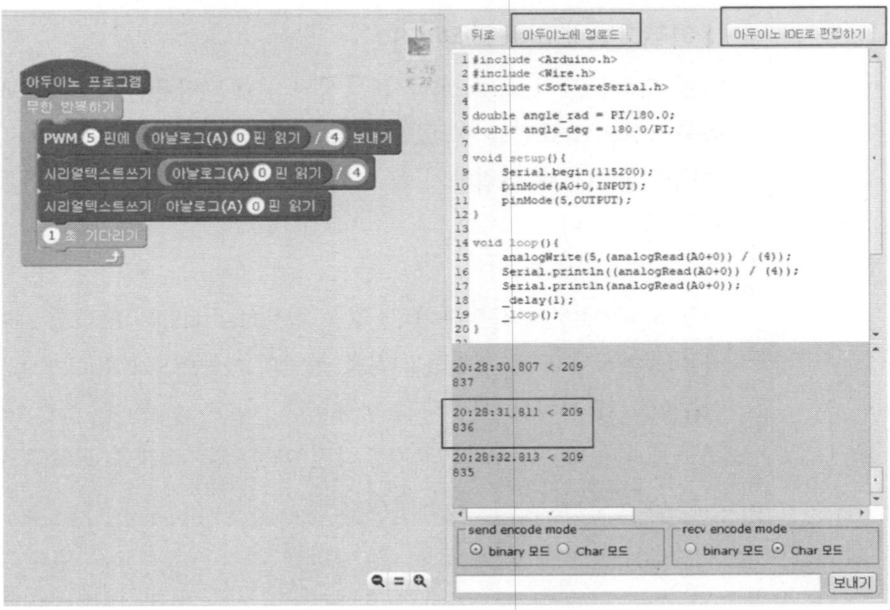

그림 5.5 조도센서를 사용하는 블록코딩

❙ 프로그램 실행

mBlock을 사용한 블록코딩이 완료되었으면 풀다운 메뉴의 연결을 선택하여서 시리얼 포트의 연결을 확인하고 풀다운 메뉴에서 편집을 선택하고 아두이노 모드를 선택한다. 아두이노에 업로드를 선택하면 블록코딩된 프로그램을 컴파일하고 아두이노 보드로 전송한다. 프로그램의 업로드가 완료되면 조도센서를 사용하여 빛의 밝기를 측정하고 그 값을 AD 변환하여 PWM 제어방식으로 LED의 밝기를 제어하고 PWM 제어신호와 조도센서의 값을 AD변환한 값을 시리얼 모니터에 출력한다.

5.1.2 아두이노 스케치에 의한 조도측정과 LED 제어

❙ 목표

그림 5.4의 전기회로를 사용하고 그림 5.5에서 작성한 블록코딩을 활용하여 조도센서를 사용하여 조도를 측정하고 그 값을 활용하여 LED의 밝기를 제어하는 아두이노 스케치 프로그램을 작성한다.

❙ 아두이노 IDE로 편집하기

그림 5.5와 같이 mBlock에서 작성된 블록코딩을 아두이노 모드로 전환하고 블록코딩으로 표현할 수 없는 기능을 아두이노 스케치에서 추가하기 위해서는 "아두이노 IDE로 편집하기"를 선택하여 아두이노 스케치를 기동시켜서 프로그램을 추가한다.

그림 5.6은 조도를 측정하여 그 값을 활용하여 LED의 밝기를 제어하는 블록코딩을 아두이노 모드로 전환하고 우측 상단의 아두이노 IDE로 편집하기를 실행하여 아두이노 스케치를 기동시킨 상태이다. void setup(){....}과 void loop(){....} 부분을 복사하여서 새롭게 기동시킨 아두이노 스케치 프로그램에 붙여넣기를 하고 일부를 다음과 같이 수정한다.

```
voidsetup(){
     Serial.begin(115200);
     pinMode(A0+0,INPUT);
     pinMode(5,OUTPUT);
}
voidloop(){
            analogWrite(5,(analogRead(A0+0)) / (4));
     Serial.println((analogRead(A0+0)) / (4));
     Serial.println(analogRead(A0+0));
     delay(1000);
}
```

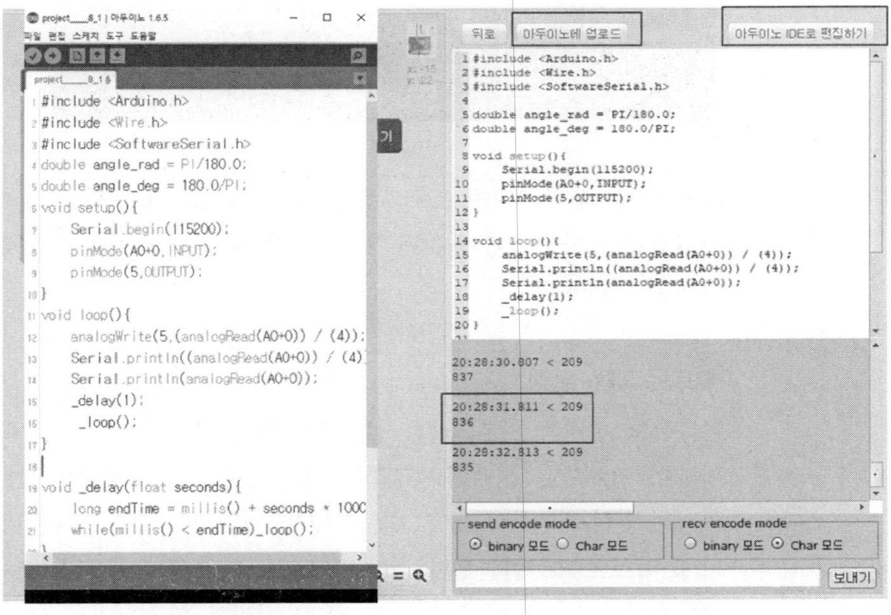

그림 5.6
아두이노 IDE로 편집하기

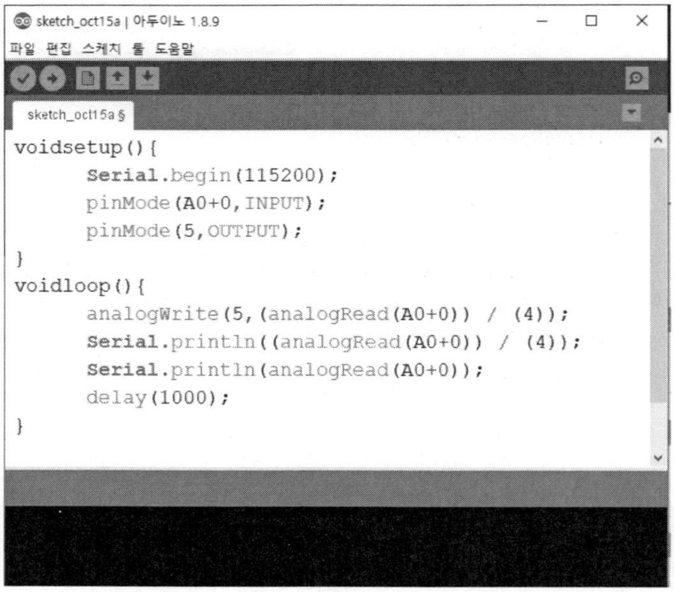

그림 5.7 아두이노 스케치 프로그램

그림 5.7은 블록코딩된 프로그램을 아두이노 모드로 변환하고 아두이노 IDE로 편집하기를 사용하여 전환된 프로그램을 아두이노 스케치 프로그램을 수정한 상태를 나타낸다.

▎프로그램 실행

아두이노 스케치 프로그램을 실행하기 위해서는 풀다운 메뉴에서 스케치를 클릭하여 업로드를 선택하면 컴파일하고 업로드가 실행된다. 조도센서에 의해 측정된 빛의 밝기는 아날로그값을 가지고 있으므로 A0의 아날로그 핀에 입력되어 10비트로 AD 변환된다. AD 변환으로 디지털화된 조도값을 8비트의 PWM 제어방식으로 맵핑하기 위하여 PWM 제어를 할 수 있는 5번 핀에 출력하여 LED의 밝기를 조도측정값에 따라서 변화하도록 한다.

그림 5.8은 조도센서의 값과 PWM 제어하는 제어량을 시리얼 모니터에 출력하기 위하여 사용하는 시리얼 모니터와 시리얼 플로터를 선택하는 상태이다. 시리얼 모니터는 숫자 값을 나타내고 시리얼 플로터는 그래프로 상태를 나타낸다.

그림 5.8
시리얼 모니터와 시리얼 플로터 설정

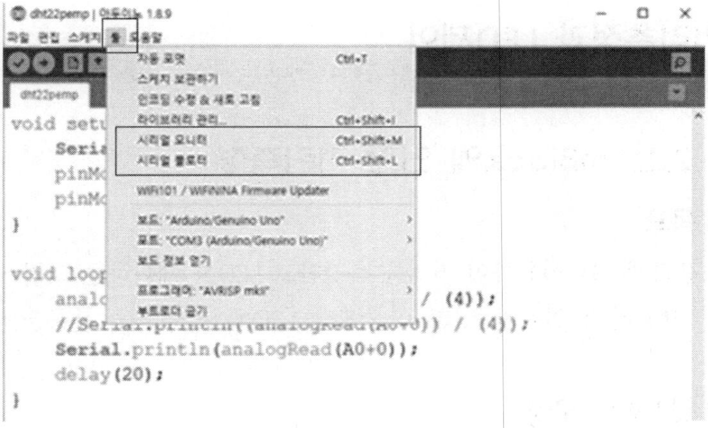

그림 5.9는 조도센서를 사용하여 측정한 조도값을 AD 변환하여 그 값을 시리얼 모니터와 플로터로 출력한 상태를 나타낸다. 어두울수록 AD 변환값이 크고 밝을수록 그 값이 작다는 것을 확인한다.

그림 5.9
조도측정 값을 시리얼 모니터와 플로터로 표현

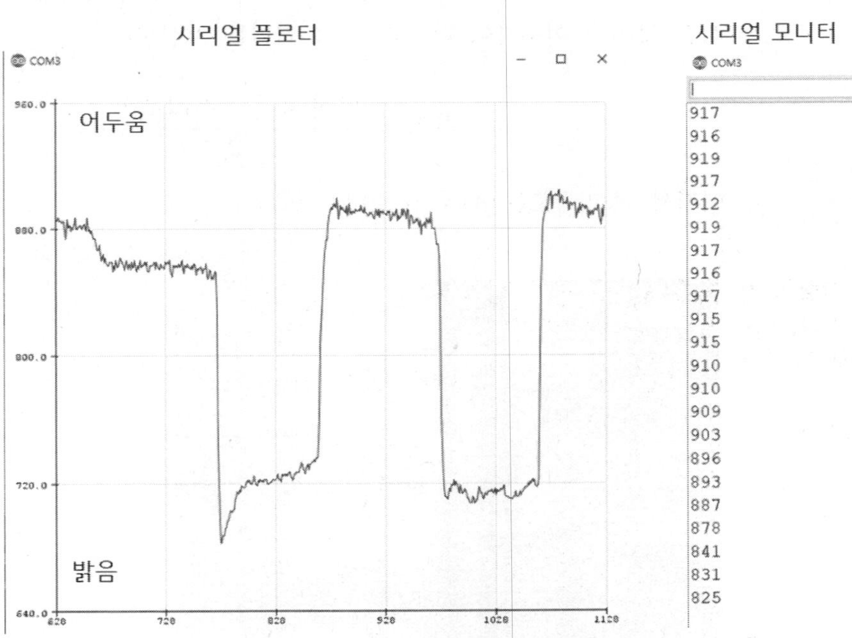

5.2 거리측정과 LED제어

5.2.1 mBlock에 의한 거리측정

❙ 목표

초음파센서를 사용하여 거리를 측정하고 LED를 제어하는 그림 5.10의 전기회로를 사용하여 일정한 거리 이상에서 LED를 점등하는 블록코딩을 작성한다.

❙ 전기회로 구성

그림 5.11은 HC-SR04 모델의 초음파센서 사양과 핀 구성을 나타낸다. 측정 가능한 거리는 3~400 [cm]이고 측정 해상도는 0.3 [cm]이다. 유효측정 각도는 15 [°] 이하이고 핀은 VCC, Trig, Echo, GND으로 구성되어 있다. Trig에서 초음파를 발사하면 Echo에서는 발사된 초음파가 물체 및 장애물에 반사되어 되돌아오는 시간을 측정하여 초음파 발생 시간과 물체에 부딪혀 반사되어 돌아오는 시간 차이를 이용하여 다음과 같이 거리를 계산한다.

$$거리 = \frac{왕복시간 \times 소리\ 속도}{2}$$

여기서, 소리속도는 340 [m/s]이다.

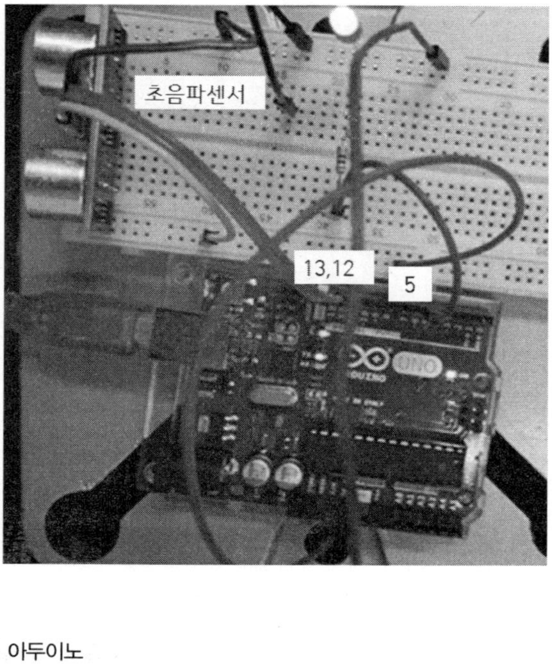

그림 5.10 초음파센서에 의한 거리측정

그림 5.11
초음파센서의 사양과 핀 구성(HC-SR04)

전압 : 5V
전류 : < 2mA
유효 측정 각도 : < 15도
측정해상도: 0.3 cm
측정거리 : 3~ 400 cm
크기 : 2.0 x 4.3 x 1.5 cm

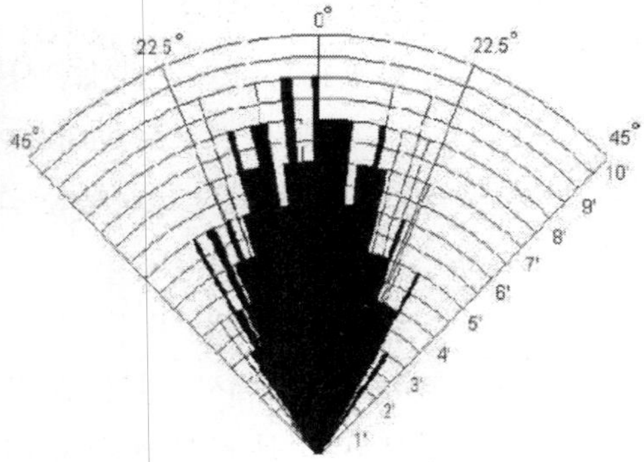

Practical test of performance,
Best in 30 degree angle

그림 5.12는 초음파센서를 사용하여 거리를 측정하고 LED를 점등하는 전기회로 구성을 나타낸다. 초음파센서의 VCC 단자에 +5 [V]를 연결하고 Trig에는 디지털 13번 핀, Echo에는 디지털 12번 핀을 연결하고 나머지 핀은 GND를 연결한다. LED의 다리가 긴 쪽은 +극성을 나타내므로 330 [Ω]의 저항과 디지털 5번 핀에 연결하고 LED의 다리가 짧은 쪽은 GND와 연결한다.

그림 5.12
초음파센서로 거리를 측정하는 전기회로 구성

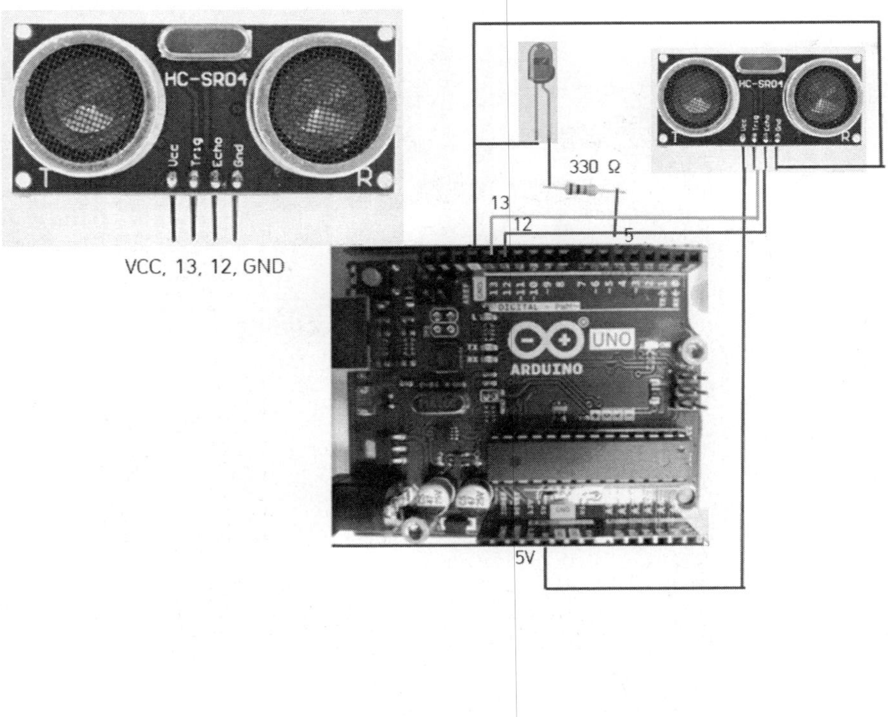

❙ 블록코딩 작성

그림 5.13은 초음파센서를 사용하여 거리를 측정하고 LED를 제어하는 블록코딩을 나타낸다. 로보트 파레트에서 "아두이노 프로그램"의 블록과 제어 파레트에서 "무한 반복하기"블록을 스크립트 영역에 위치시킨다.

- 조건문 가져오기

제어 파레트에서 "만약 (조건문) 이라면 .... 아니면 ...."블록을 클릭하여 "무한 반복하기" 블록 안에 위치시킨다. 연산 파레트에서 " 측정값 > 정한값"블록을 클릭하여 조건문 자리에 위치시키고 측정값 자리에는 로보트 파레트에서 "초음파센서 (Trig 13핀, Echo 12핀) 읽기"블록을 위치시키고 정한값에는 일정한 거리를 입력한다. 여기서는 30 [cm]를 입력한다.

- PWM 5번 핀에 0 보내기

로보트 파레트에서 "PWM 5번 핀에 0 보내기"블록을 클릭하여 "만약 (조건문) 이라면 .... 아니면 ...."블록 안에 위치시키고 0을 255로 변경한다. 다음은 마우스를 "PWM 5번 핀에 0 보내기"블록에 위치시키고 이를 복사하여 조건문이 성립되지 않을 경우 측에 붙여넣고 255를 0으로 변경한다.

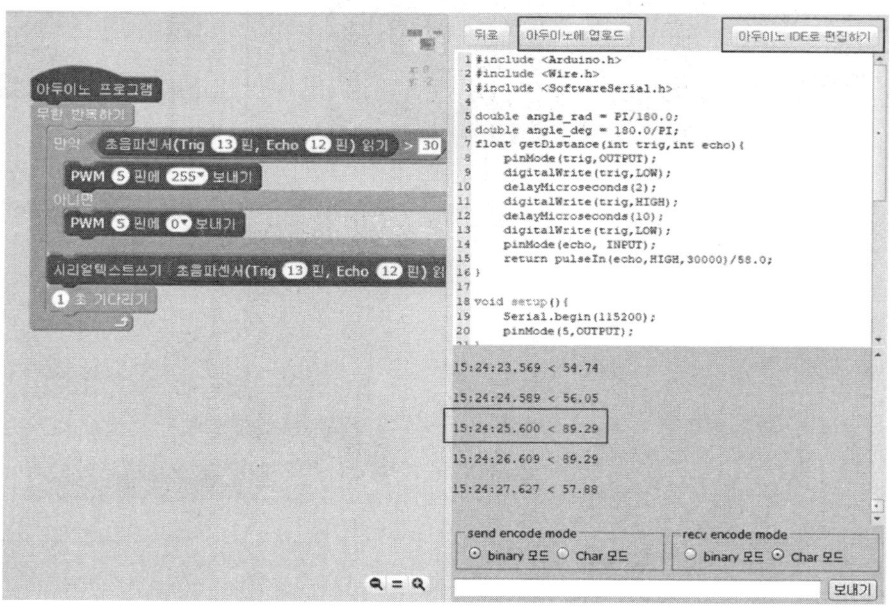

그림 5.13 거리를 측정하는 블록코딩

• 시리얼 텍스트 쓰기

로보트 파레트에서 "시리얼 텍스트 쓰기(첼로)"블록을 클릭하여 "만약 (조건문) 이라면 .... 아니면 ...."블록 아래쪽에 위치시키고 첼로 자리에 "초음파센서 (Trig 13핀, Echo 12핀) 읽기"블록을 위치시킨다.

• 1초 기다리기

제어 파레트에서 "1초 기다리기"블록을 클릭하여 "시리얼 텍스트 쓰기(초음파센서 (Trig 13핀, Echo 12핀) 읽기)"블록 아래쪽에 위치시킨다.

▎프로그램 실행

풀다운 메뉴에서 편집을 선택하고 아두이노 모드를 클릭하면 초음파센서를 사용하여 거리를 측정하고 일정한 거리 이상에서 LED를 점등하는 블록코딩은 아두이노 스케치 형식으로 자동 변환된다. 우측의 상단에 있는 아두이노에 업로드를 선택하면 프로그램을 컴파일하여서 아두이노 보드로 전송되고 초음파센서로 측정한 것은 시리얼 모니터에 출력되고 거리가 30 [cm] 이상이 되면 LED가 점등하고 그 이하에서는 소등하는 것을 확인할 수 있다.

5.2.2 아두이노 스케치에 의한 거리측정

▎목표

그림 5.12의 전기회로를 사용하고 그림 5.13에서 작성한 블록코딩을 활용하여 거리를 측정하고 일정한 거리 이상에서 LED가 점등하는 아두이노 스케치 프로그램을 작성한다.

▎아두이노 IDE로 편집하기

그림 5.14은 그림 5.13의 블록코딩을 아두이노 모드로 변환하고 아두이노 IDE로 편집하기를 선택하여 아두이노 스케치 프로그램이 실행된 상태를 나타낸다. 현 상태에서 업로드를 선택하면 프로그램을 컴파일하고 에러가 없으면 아두이노 보드로 프로그램이 전송되어 거리를 측정하여 시리얼 모니터에 거리를 나타내고 일정한 거리 이상에서는 LED가 점등한다.

그림 5.14
아두이노 IDE로 편집하기

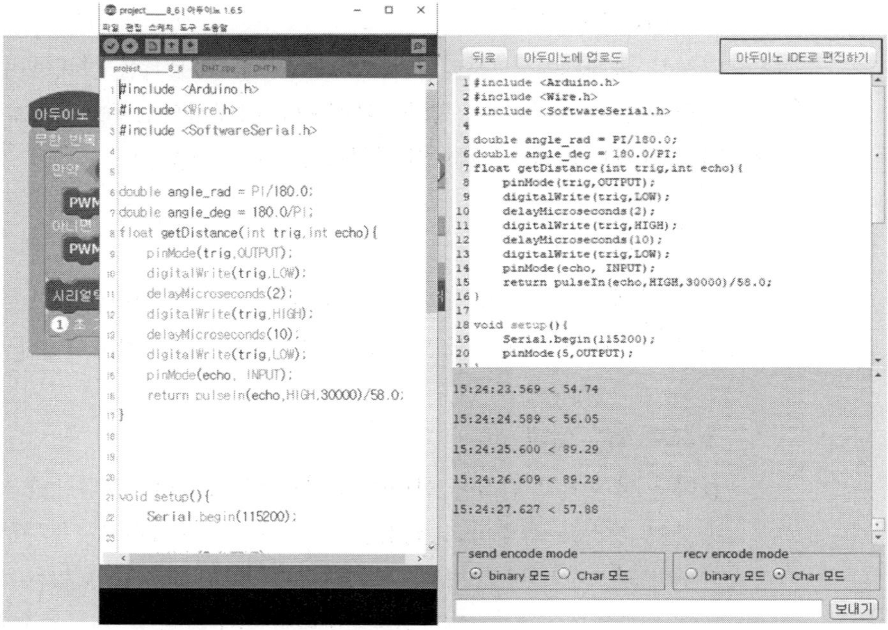

❙ 아두이노 스케치 프로그램 작성

그림 5.15는 그림 5.14에서 이두이노 IDE로 편집하기를 선택하고 초음파센서로 거리를 측정하고 LED를 제어하는데 필요한 float getDistance(int trig, int echo){.....}, void setup(){....}과 void loop(){....} 부분을 복사하여서 새롭게 기동시킨 아두이노 스케치 프로그램에 붙여넣기를 하고 일부를 수정한 아두이노 스케치 프로그램을 나타낸다.

```
float getDistance(int trig, int echo){
    pinMode(trig,OUTPUT);
    digitalWrite(trig,LOW);
    delayMicroseconds(2);
    digitalWrite(trig,HIGH);
    delayMicroseconds(10);
    digitalWrite(trig,LOW);
    pinMode(echo, INPUT);
    return pulseIn(echo,HIGH,30000)/58.0;
}

void setup(){
    Serial.begin(115200);
```

```
    pinMode(5,OUTPUT);
}

void loop(){
    if((getDistance(13,12)) > (30)){
        analogWrite(5,255);
    }else{
        analogWrite(5,0);
    }
    Serial.println(getDistance(13,12));
    delay(1000);
}
```

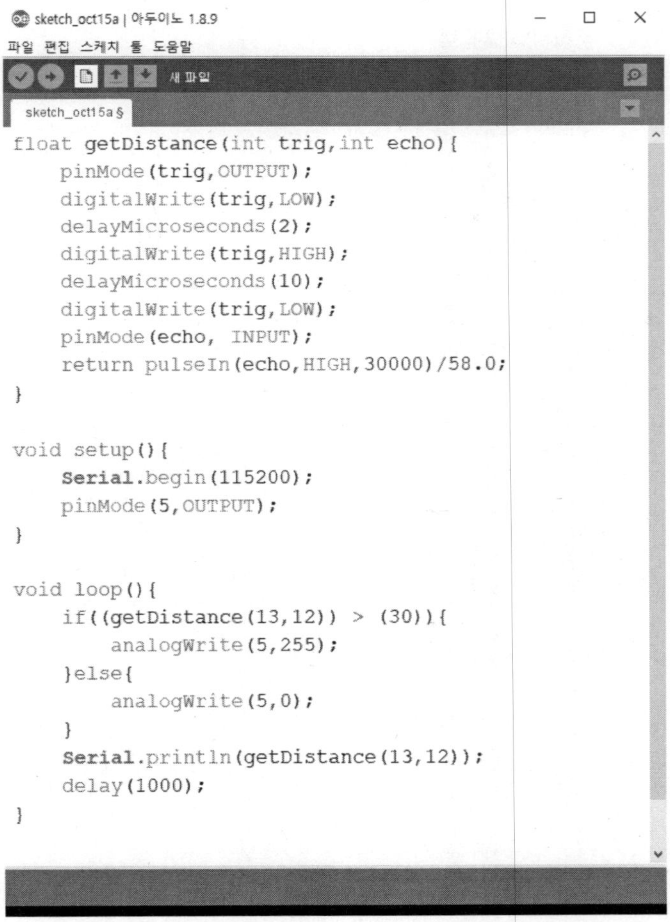


```
float getDistance(int trig,int echo){
    pinMode(trig,OUTPUT);
    digitalWrite(trig,LOW);
    delayMicroseconds(2);
    digitalWrite(trig,HIGH);
    delayMicroseconds(10);
    digitalWrite(trig,LOW);
    pinMode(echo, INPUT);
    return pulseIn(echo,HIGH,30000)/58.0;
}

void setup(){
    Serial.begin(115200);
    pinMode(5,OUTPUT);
}

void loop(){
    if((getDistance(13,12)) > (30)){
        analogWrite(5,255);
    }else{
        analogWrite(5,0);
    }
    Serial.println(getDistance(13,12));
    delay(1000);
}
```

그림 5.15 거리를 측정하는 아두이노 스케치 프로그램

▍프로그램 실행

풀다운 메뉴에서 스케치를 선택하고 업로드를 하거나 업로드 아이콘을 사용하여 업로드를 실시하면 프로그램을 컴파일하고 에러가 없으면 업로드가 완료되어 프로그램을 실행할 수 있다. 초음파센서를 사용하여 거리를 측정하여 시리얼 모니터에 출력하고 측정한 거리가 30 [cm] 이상일 경우에는 LED가 점등하고 그 이하에서는 LED가 소등되는 것을 확인할 수 있다.

그림 5.16은 초음파센서로 거리를 측정하여 시리얼 플로터와 모니터에 출력한 상태를 나타낸다. 플로터로는 측정한 거리를 그래프로 나타내고 모니터는 숫자로 거리를 표시한다.

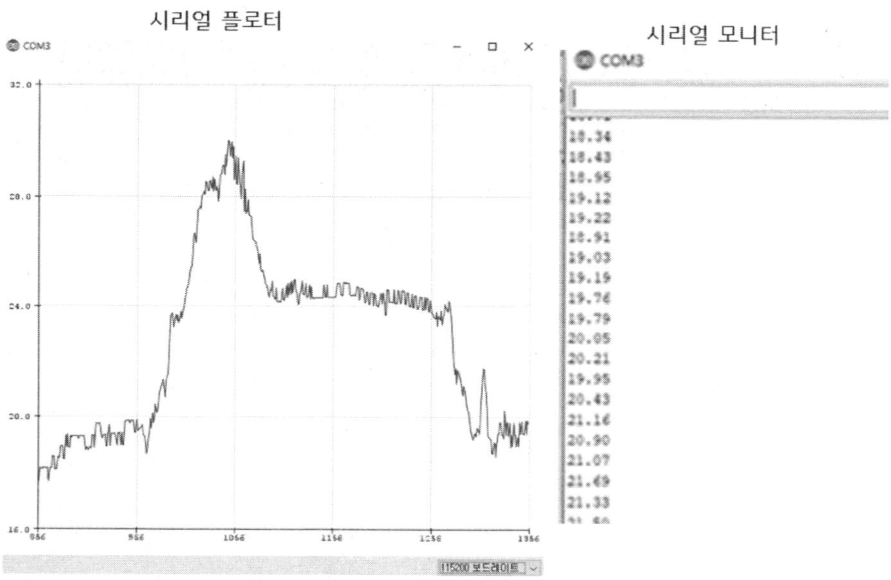

그림 5.16 초음파센서의 거리측정 결과

5.3 수분측정과 LED제어

5.3.1 mBlock에 의한 수분측정

▎목표

수분센서를 사용하여 수분을 측정하고 LED를 제어하는 전기회로를 그림 5.17과 같이 구축하고 일정한 수분값 이하에서 LED 점등과 소등을 제어하고 모니터링 하는 블록코딩을 작성한다.

▎전기회로 구성

그림 5.18은 수분센서를 사용하여 수분을 측정하여 일정한 값 이하에서 LED를 점등 제어하는 전기회로를 나타낸다. 수분센서는 4개의 핀을 가지고 있으며 A0는 아날로그 신호, D0는 디지털 신호를 나타내고 VCC와 GND로 구성되어 있다. 수분센서의 한쪽 끝에 있는 A0핀은 아날로그 신호를 AD 변화하는 A0 핀에 연결하고 VCC와 GND를 연결한다. LED의 다리가 긴 쪽은 +극성을 나타내므로 330 [Ω]의 저항과 디지털 5번 핀에 연결하고 LED의 다리가 짧은 쪽은 GND와 연결한다.

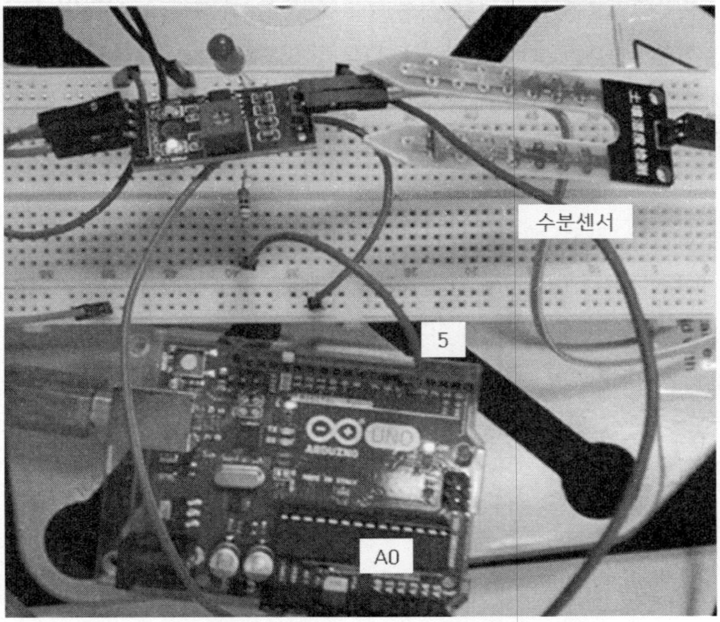

그림 5.17 수분센서를 사용한 LED 점등회로

그림 5.18
수분을 측정하고 LED를 제어하는 전기회로 구성

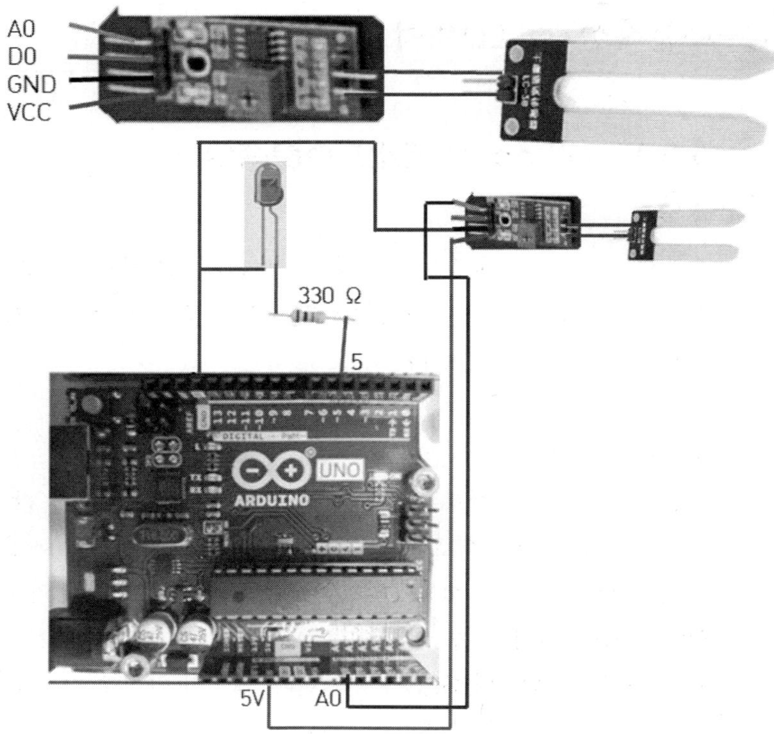

▌블록코딩 작성

그림 5.19는 수분센서를 사용하여 수분을 측정하고 시리얼 모니터에 출력함과 동시에 일정한 값 이하에서 LED를 점등 제어하는 블록코딩을 나타낸다. 로보트 파레트에서 “아두이노 프로그램“의 블록과 제어 파레트에서 “무한 반복하기”블록을 스크립트 영역에 위치시킨다.

• 조건문 가져오기

제어 파레트에서 “만약 (조건문)이라면 .... 아니면 ....”블록을 클릭하여 “무한 반복하기” 블록 안에 위치시킨다. 연산 파레트에서 “측정값 < 정한값”블록을 클릭하여 조건문 자리에 위치시키고 측정값 자리에는 로보트 파레트에서 “아날로그 A0 핀 읽기”블록을 위치시키고 정한값에는 일정한 수분을 나타내는 600을 입력한다.

그림 5.19 수분을 측정하고 LED를 제어하는 블록코딩

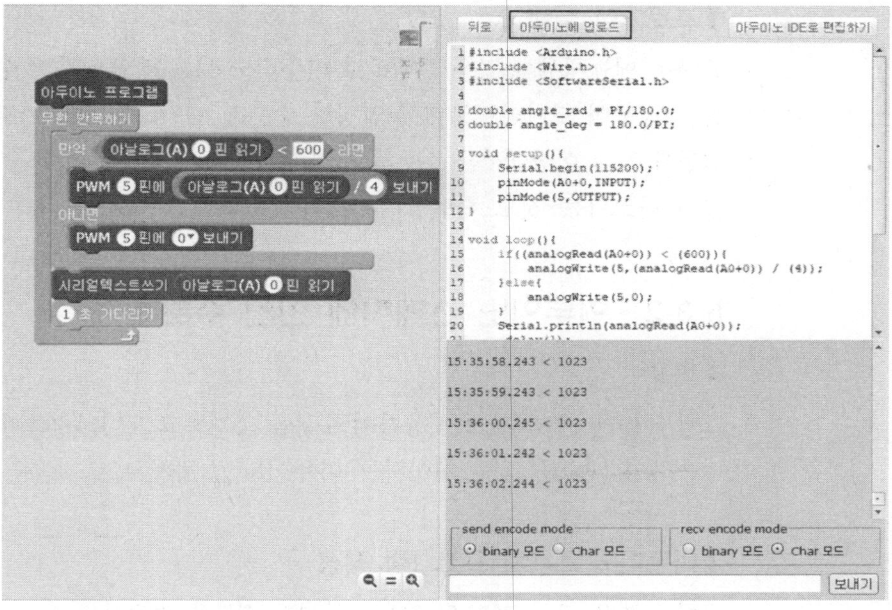

• PWM 5번 핀에 0 보내기

로보트 파레트에서 “PWM 5번 핀에 0 보내기”블록을 클릭하여 “만약 (조건문) 이라면 .... 아니면 ....”블록 안에 위치시키고 연산 파레트에서 “ 측정값 / 정한 값”블록을 클릭하여 0의 자리에 위치시킨다. 다음으로 측정값의 자리에는 “아날로그 A0 핀 읽기”블록을 위치시키고 분모인 정한값에는 4를 입력하여 10비트의 신호를 8비트의 신호로 맵핑한다. 조건이 성립되지 않으면 LED를 소등해야 하므로 로보트 파레트에서 “PWM 5번 핀에 0 보내기”블록을 클릭하여 조건문 블록에 위치시킨다.

• 시리얼 텍스트 쓰기

로보트 파레트에서 “시리얼 텍스트 쓰기(첼로)”블록을 클릭하여 “만약 (조건문) 이라면 .... 아니면 ....”블록 아래쪽에 위치시키고 첼로 자리에 “아날로그 A0 핀 읽기”블록을 위치시킨다.

• 1초 기다리기

제어 파레트에서 “1초 기다리기”블록을 클릭하여 “시리얼 텍스트 쓰기(아날로그 A0 핀 읽기)”블록 아래쪽에 위치시킨다.

▎프로그램 실행

풀다운 메뉴에서 편집을 선택하고 아두이노 모드를 클릭하면 수분센서로 수분을 측정하여 모니터링하면서 일정한 수분에 해당하는 600 이하에서는 LED가 점등하고 그 이상에서는 소등하는 것과 수분센서에 수분이 닿는 깊이에 따라서 값이 다르다는 것도 확인할 수 있다.

5.3.2 아두이노 스케치에 의한 수분측정

▎목표

그림 5.18의 전기회로를 사용하여 수분을 측정하고 모니터링하며 수분센서 값을 사용하여 LED를 점등 제어하는 아두이노 스케치 프로그램을 작성한다.

▎아두이노 스케치 프로그램 작성

그림 5.20은 그림 그림 5.19에서 작성한 수분을 측정하고 모니터링하며 LED를 제어하는 블록코딩을 아두이노 모드로 변환하고 아두이노 IDE로 편집하기를 선택하여 아두이노 스케치 프로그램이 기동된 상태를 나타낸다. 여기서 필요한 부분은 void setup(){....}과 void loop(){....} 부분이므로 이를 복사하여서 새롭게 기동시킨 아두이노 스케치 프로그램에 붙여넣기를 하고 일부를 다음과 같이 수정한다.

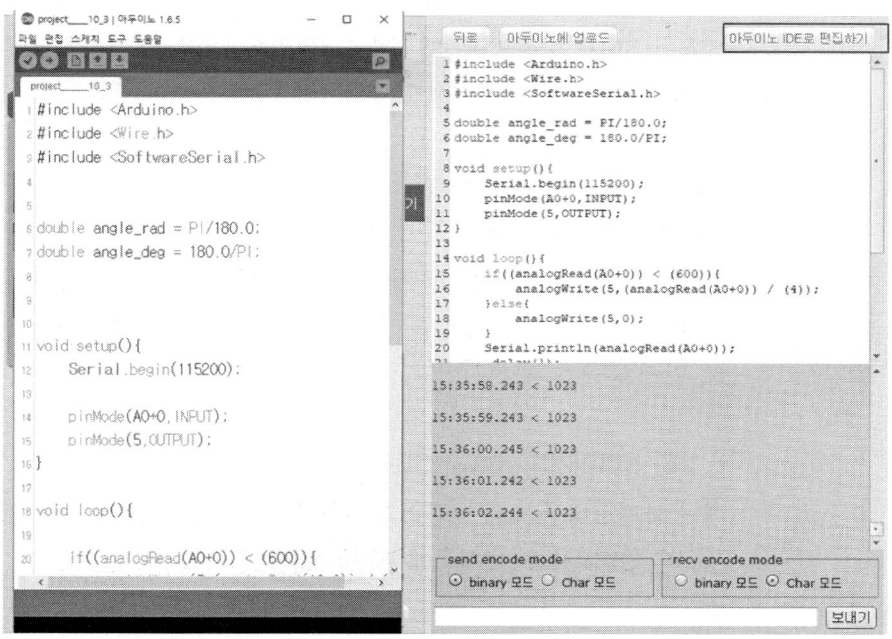

그림 5.20 아두이노 IDE로 편집하기

```
void setup(){
    Serial.begin(115200);
    pinMode(A0+0,INPUT);
    pinMode(5,OUTPUT);
}

void loop(){
    if((analogRead(A0+0)) < (600)){
       analogWrite(5,(analogRead(A0+0)) / (4));
    }else{
       analogWrite(5,0);
    }
    Serial.println(analogRead(A0+0));
    delay(1000);
}
```

그림 5.21은 수분을 측정하여 모니터링하고 LED를 제어하는 블록코딩을 아두이노 스케치 프로그램을 수정한 상태를 나타낸다.

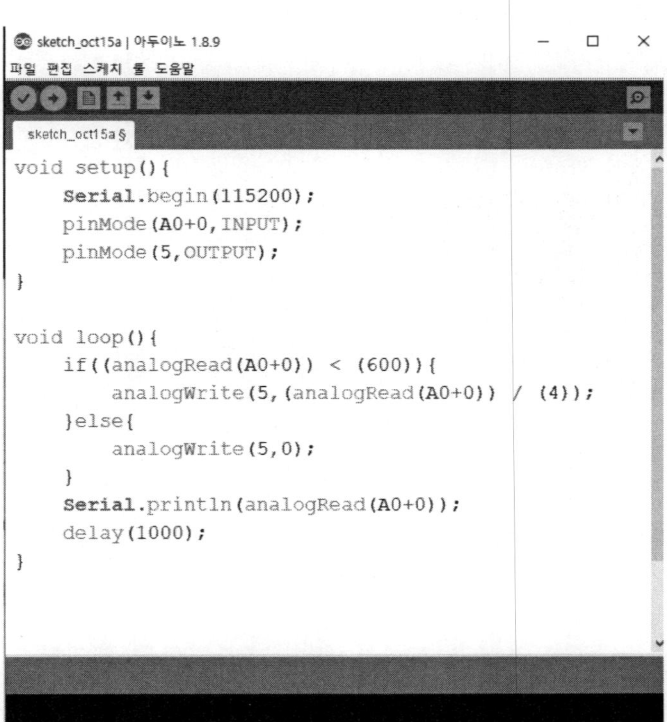

그림 5.21 수분을 측정하는 아두이노 스케치 프로그램

▎프로그램 실행

mBlock를 사용하여 블록코딩한 프로그램을 아두이노 모드로 변환하고 아두이노 IDE로 편집하기를 사용하여 아두이노 스케치 프로그램으로 전환된 것에서 필요한 부분을 복사하여 수정한 아두이노 스케치 프로그램을 실행하면, 수분센서에 의해 측정된 수분 정도를 AD 변환 값으로 시리얼 모니터에 출력하고 그 값이 600 이하일 경우에는 LED가 점등하고 그 이상일 경우에는 LED가 소등되는 것을 확인할 수 있다.

그림 5.22는 수분센서의 의해 측정된 수분의 정도를 AD 변환하여 그 값을 시리얼 플로터와 모니터에 출력한 상태를 나타낸다. 수분센서의 정밀도에 따라서 변화하는 폭이 다를 수 있으므로 별도의 필터를 사용할 필요가 있다.

<시리얼 플로터> <시리얼 모니터>

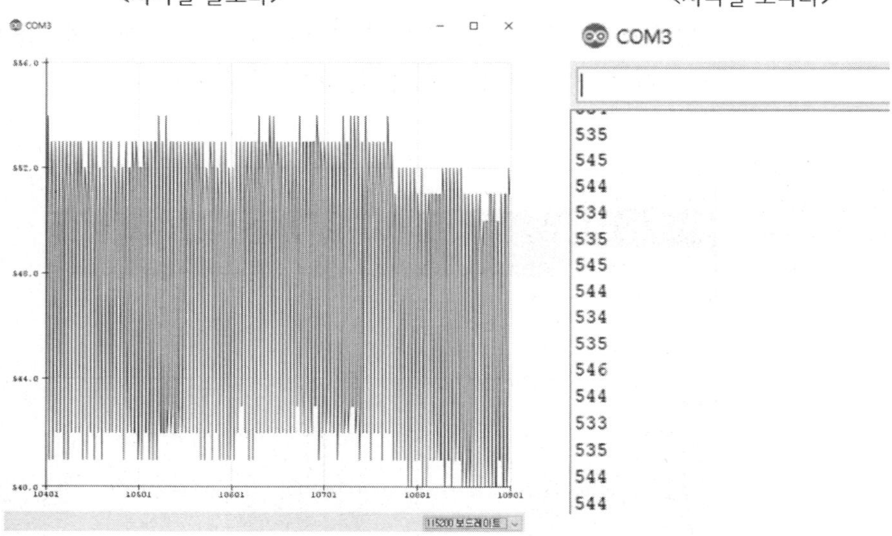

그림 5.22 수분을 측정한 결과

5.4 온습도 측정과 제어

5.4.1 mBlock에 의한 온습도 측정과 LED 제어

▌목표

온습도센서(DHT22)를 사용하여 온도와 습도를 측정하고 LED를 제어하는 전기 회로를 그림 5.23과 같이 구축하고 온도와 습도를 모니터링하고 일정한 값 이상에서 LED를 점등하는 블록코딩을 작성한다.

그림 5.23
온도와 습도 측정

그림 5.24 온습도센서의 종류와 사양

<DHT 11>

온도사양 (Temperature Specification) :
분해능(Resolution) : 1 ℃
정확도(Accuracy) : ± 2 ℃
측정범위(Measuring Range) : 0~50 ℃

습도사양 (Humidity Specification) :
분해능(Resolution) : 1% RH
정확도(Accuracy) : ± 5% RH (0~50℃)
측정범위(Measuring Range) : 20~90% RH (25℃)

사양 (Specification) :
동작전압(Operating Voltage) : 3.3 ~ 5V
권장 보관 조건(Recommended storage conditions) :
온도 10~40 ℃ / 습도 60% RH 이하

<DHT 22>

동작전압 : 3~5V

2.5mA max current use during conversion (while requesting data)

측정습도 범위 : 0-100%

측정온도 범위 : -40 to 80°C

2초마다 한번씩 샘플링(온습도 정보 받기)

사이즈 : 27mm x 59mm x 13.5mm (1.05" x 2.32" x 0.53")

4 pins, 0.1" spacing

측정온도 정확성 : ±0.5°C

측정습도 정확성 : ±2-5%

❚ 전기회로 구성

그림 5.24는 온습도센서의 종류와 그 사양을 나타낸다. mBlock의 블록코딩에서 제공하고 있는 라이브러리는 DHT 시리즈이며 DHT 22는 DHT 11보다 정밀하므로 많이 사용하는 편이다.

그림 5.25는 DHT 22의 온습도센서를 사용하여 LED를 제어하는 전기회로 구성을 나타낸다. 온습도센서에 VCC와 GND를 연결하고 출력단자는 2번 핀과 연결하고, 5번과 6번 핀에는 저항을 거쳐서 LED를 다리가 긴 쪽 단자와 연결하고 짧은 쪽은 GND와 연결한다.

그림 5.25
온도와 습도를 측정하는 전기회로 구성

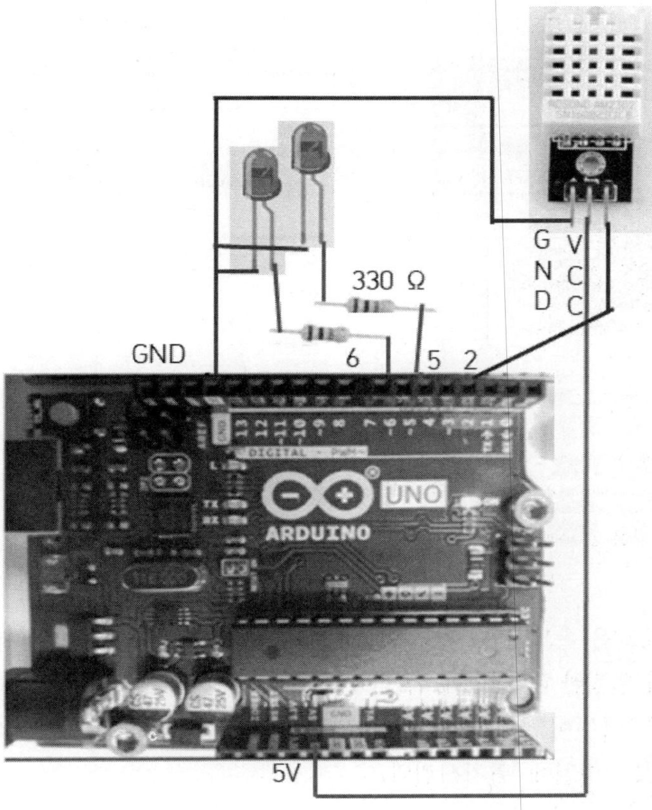

❙ 블록코딩 작성

그림 5.26은 온습도센서(DHT 22)를 사용하기 위해서 사전에 설치해야 하는 라이브러리 설치상태를 나타낸다. 풀다운 메뉴의 확장에서 확장관리를 선택하고 확장관리에서 DHT Extensions를 설치하면 라이브러리를 사용할 수 있다. 라이브러리를 설치하고 나서 풀다운 메뉴의 확장을 선택하면 DHT Extensions의 라이브러리가 체크되어 있는 것을 확인한다.

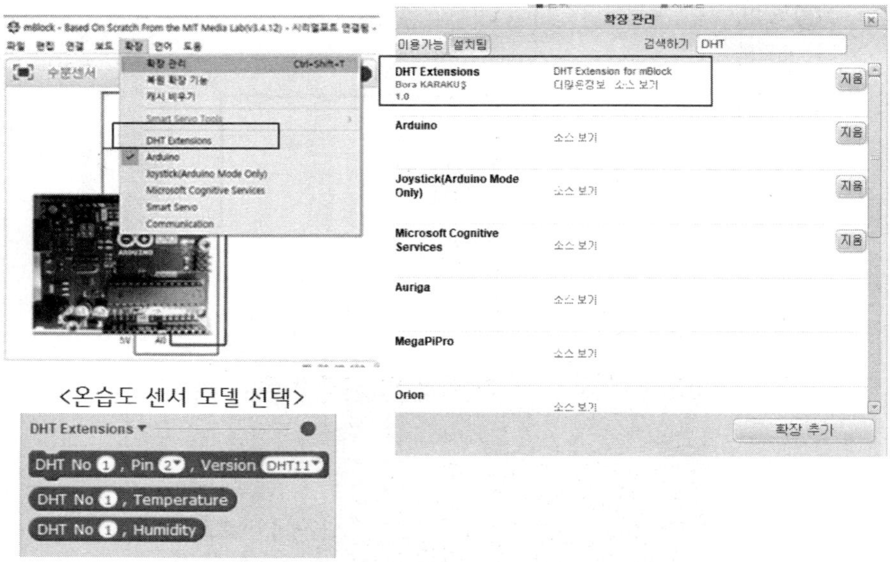

그림 5.26
온습도센서의 라이브러리 설치

그림 5.27은 온도와 습도를 측정하고 그 값을 시리얼 모니터에 출력하고 온도와 습도의 일정한 값 이상에서 LED가 점등되는 블록코딩을 나타낸다. 로보트 파레트에서 "아두이노 프로그램"의 블록과 제어 파레트에서 "무한 반복하기"블록을 스크립트 영역에 위치시킨다.

• 옵습도센서 설정 블록 가져오기

로보트 파레트에서 "DHT NO 1, Pin 2, Version 11"블록을 클릭하여 무한 반복하기 블록 내부에 위치시키고 Version 11을 22로 변경한다.

• 조건문 가져오기

제어 파레트에서 "만약 (조건문) 이라면 .... 아니면 ...."블록을 클릭하여 "DHT NO 1, Pin 2, Version 22" 블록 아래쪽에 위치시킨다. 연산 파레트에서 " 측정값 > 정한값"블록을 클릭하여 조건문 자리에 위치시키고 측정값 자리에는 로보트 파레트에서 "DHT NO 1, Temperture"블록을 위치시키고 정한값에는 일정한 온도를 나타내는 28을 입력한다.

• 디지털 5번 핀에 켜짐 보내기

로보트 파레트를 선택하고 "디지털 5번 핀에 켜짐 보내기"블록을 클릭하여 조건문 "만약 (조건문) 이라면 .... 아니면 ...."블록에서 조건 성립시에 위치시키고 마우스를 "디지털 5번 핀에 켜짐 보내기"블록에 가져가서 이를 복사하여 조건이 성립되지 않는 경우에 붙여넣고 켜짐을 꺼짐으로 변경한다.

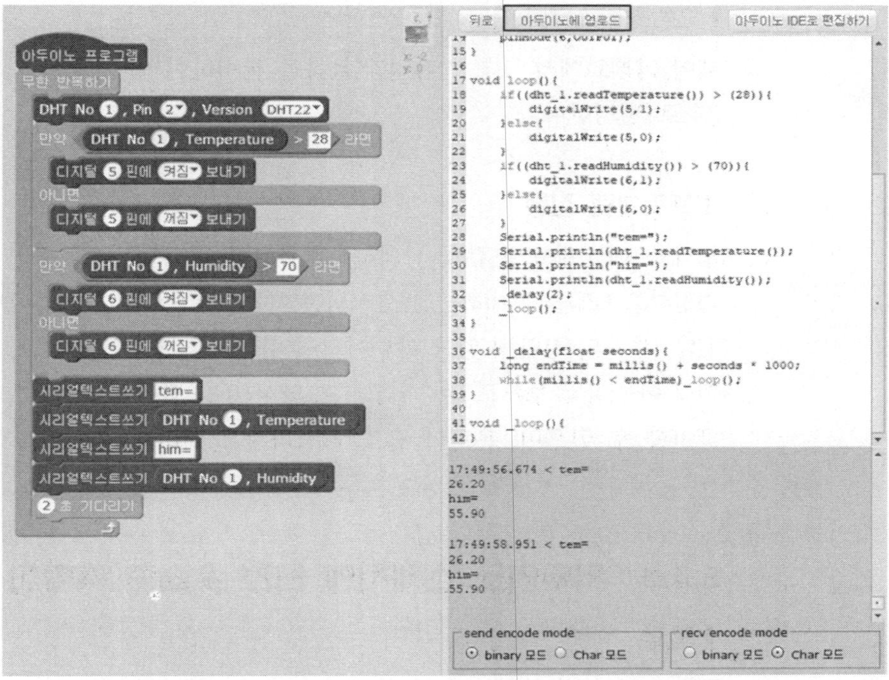

그림 5.27 온도와 습도를 측정하는 블록코딩

• 복사하기

마우스를 "만약 (조건문)이라면 .... 아니면 ...."블록 위에 올려놓고 마우스 오른쪽 버튼을 클릭하여 복사를 선택하고 조건문의 맨 아래쪽에 블록을 붙여넣기를 하고 Temperature를 Humidity로, 28도를 70 [%]로, 5번을 6번으로 변경한다.

• 시리얼 텍스트 쓰기 : 온도

로보트 파레트에서 "시리얼 텍스트 쓰기(첼로)"블록을 클릭하여 맨 아래에 있는 조건문 "만약 (조건문) 이라면 .... 아니면 ...."블록 밑에 위치시키고 첼로 자리에 Temp=를 입력한다. 다음은 이를 복사하여 바로 밑에 두고 Temp=자리에 "DHT NO 1, Temperature" 블록을 위치시킨다.

• 시리얼 텍스트 쓰기 복사하기

마우스를 "시리얼 텍스트 쓰기(Temp=)"블록 위에 올려놓고 마우스 오른쪽 버튼을 클릭하여 복사해서 맨 아래쪽에 위치시키고 Temp=는 Humi=로, Temperature는 Humidity로 변경한다.

• 2초 기다리기

제어 파레트에서 "1초 기다리기"블록을 클릭하여 맨 아래에 위치시키고 1초를 2초로 변경한다.

▎프로그램 실행

풀다운 메뉴에서 편집을 선택하고 아두이노 모드를 클릭하면 온도와 습도를 측정하고 LED를 제어하는 블록코딩은 아두이노 스케치 프로그램으로 자동 전환된다. 우측의 상단에 있는 아두이노에 업로드를 선택하면 프로그램을 컴파일하여서 아두이노 보드로 전송되고 온도와 습도를 측정하고 LED를 제어하는 것을 확인할 수 있으며, 온도와 습도가 시리얼 모니터에 출력되는 것을 확인한다.

5.4.2 아두이노 스케치에 의한 온습도 측정과 LED제어

▎목표

그림 5.25의 전기회로를 사용하여 온도와 습도를 측정하고 모니터링하며 온도와 습도의 일정한 값 이상에서 LED를 점등 제어하는 아두이노 스케치 프로그램을 작성한다.

▎아두이노 IDE로 편집하기

그림 5.28은 mBlock을 사용하여 그림 5.27과 같이 블록코딩하고 이를 아두이노 모드로 변경한 상태에서 아두이노 IDE로 편집하기를 선택하여 아두이노 스케치 프로그램을 실행한 상태를 나타낸다. 이 상태에서 다음과 같이 불필요한 부분을 삭제하고 일부를 수정한다.

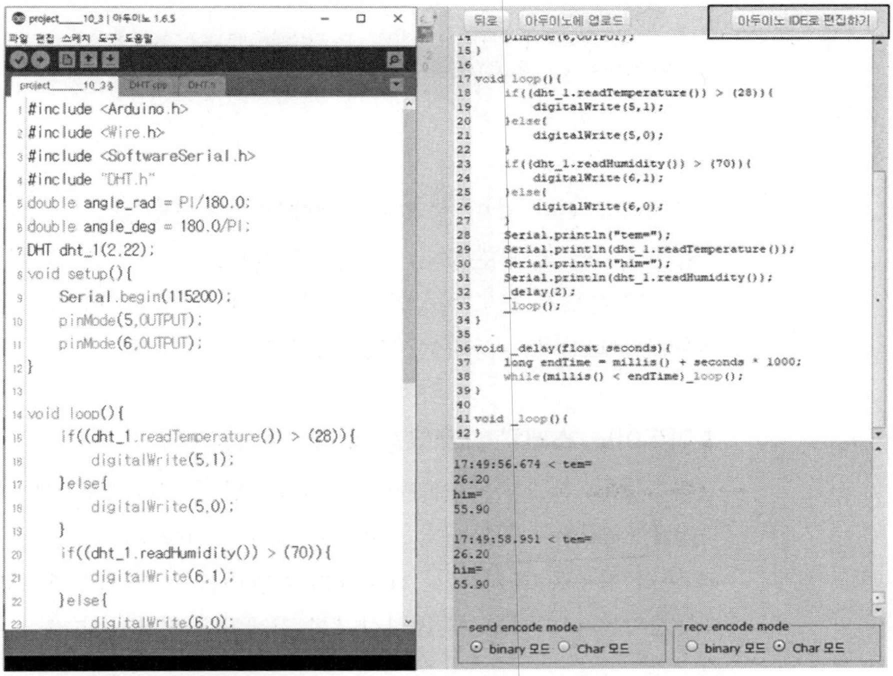

그림 5.28 아두이노 IDE로 편집하기

```
#include "DHT.h"
DHT dht_1(2,22);
void setup(){
    Serial.begin(115200);
    pinMode(5,OUTPUT);
    pinMode(6,OUTPUT);
}
void loop(){
    if((dht_1.readTemperature()) > (28)){
        digitalWrite(5,1);
    }else{
        digitalWrite(5,0);
    }
    if((dht_1.readHumidity()) > (70)){
        digitalWrite(6,1);
    }else{
        digitalWrite(6,0);
    }
    Serial.println("tem=");
    Serial.println(dht_1.readTemperature());
    Serial.println("him=");
```

```
    Serial.println(dht_1.readHumidity());
    delay(1000);
}
```

프로그램을 위와 같이 수정한 상태에서 아두이노 보드로 업로드를 실시하면 온습도센서에 의해 온도와 습도를 측정하고 시리얼 모니터에 온도와 습도를 출력하고 온도가 28도 이상일 경우에는 LED가 점등하며 습도가 70 [%] 이상일 경우에도 LED가 점등하는 것을 확인할 수 있다.

▌아두이노 스케치 프로그램 작성

그림 5.29는 온습도센서(DHT 22)를 사용하기 위하여 라이브러리를 설치하는 과정을 나타낸다. 아두이노 스케치의 풀다운 메뉴에서 툴을 선택하고 라이브러리 관리 항목을 클릭한다. 라이브러리 관리를 선택하면 라이브러리 매니저의 대화상자가 나타나고 이 대화상자의 검색창을 활용하여 라이브러리를 검색한다.

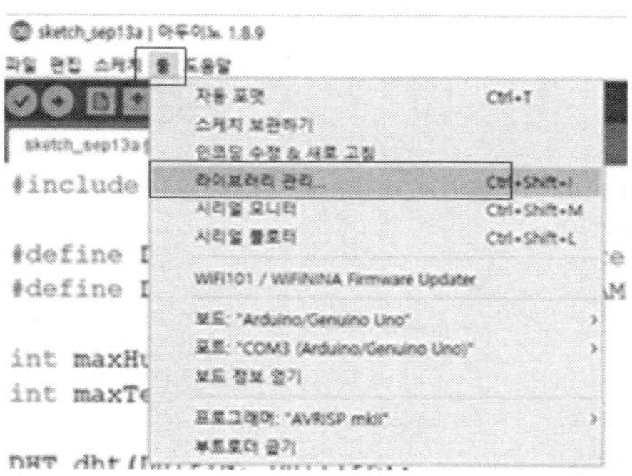

그림 5.29 라이브러리 관리 선택

• Adafruit Unified Sensor 설치

그림 5.30은 온습도센서(DHT 22)의 라이브러리를 설치하기 위한 라이브러리 매니저로서 검색창에 Adafruit Unified Sensor를 입력하여 설치한 상태를 나타낸다.

• DHT sensor library 설치

그림 5.31은 온습도센서(DHT 22)의 라이브러리를 설치하기 위한 라이브러리 매니저로서 검색창에 DHT sensor library를 입력하여 설치한 상태를 나타낸다.

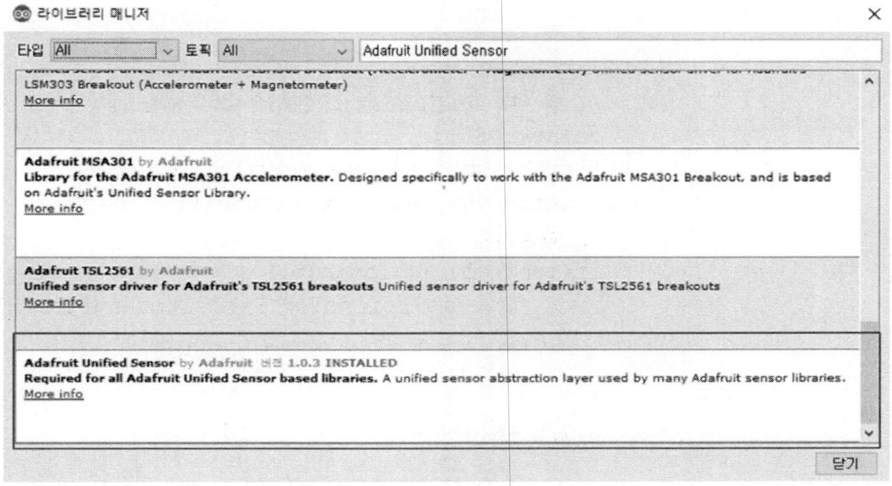

그림 5.30 Adafruit Unified Sensor 선택

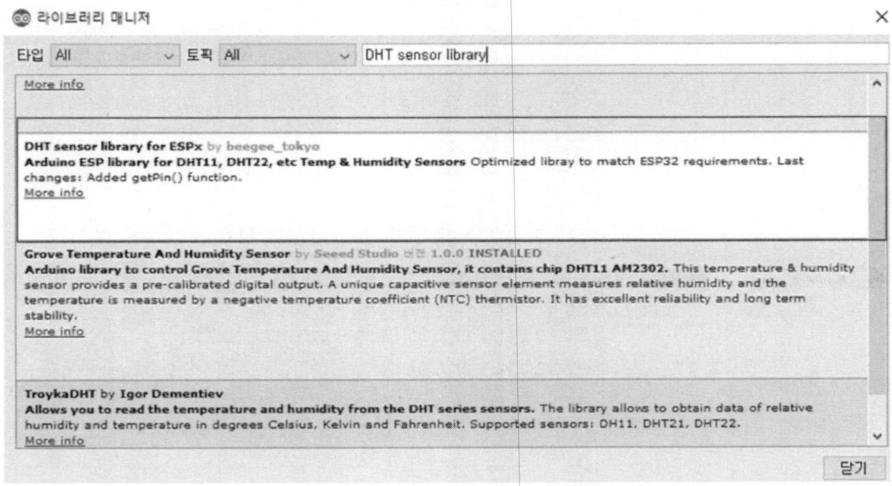

그림 5.31 DHT sensor library 선택

위의 과정으로 두 개의 라이브러리를 설치 완료하였으면 다음과 같이 아두이노 스케치 프로그램을 작성한다.

```
#include <DHT.h>
#define DHTPIN 2       // 온습도센서접속핀번호
#define DHTTYPE DHT22   // DHT 22  (AM2302)
DHT dht(DHTPIN, DHTTYPE);
void setup(){
     Serial.begin(9600);
     dht.begin();
```

```
}
void loop(){
      // 측정대기시간, 온습도측정시간 250 ms,  최대 2초 이내로
      delay(1000);
      floath= dht.readHumidity();     //습도
      floatt= dht.readTemperature();    //온도
      // 측정실패
      if(isnan(h) || isnan(t)) {
              Serial.println("FailedtoreadfromDHT
sensor!");
              return;
      }
      if(t> 28){
              digitalWrite(5,1);
      }else{
              digitalWrite(5,0);
      }
      if(h> 70){
              digitalWrite(6,1);
      }else{
              digitalWrite(6,0);
      }
      Serial.print("Humidity: ");
      Serial.print(h);
      Serial.print(" %t");
      Serial.print("Temperature: ");
      Serial.print(t);
      Serial.println(" *C ");
}
```

그림 5.32
온도와 습도를 측정하는 아두이노 스케치 프로그램

```
#include <DHT.h>
#define DHTPIN 2      // 온습도센서 접속핀 번호
#define DHTTYPE DHT22    // DHT 22  (AM2302)
DHT dht(DHTPIN, DHTTYPE);
void setup() {
  Serial.begin(9600);
  dht.begin();
}
void loop() {
  // 측정대기시간, 온습도 측정시간 250 ms,  최대 2초 이내로
  delay(1000);
   float h = dht.readHumidity();      //습도
   float t = dht.readTemperature();     //온도
    // 측정실패
  if (isnan(h) || isnan(t)) {
    Serial.println("Failed to read from DHT sensor!");
    return;
  }
if(t > 28){
    digitalWrite(5,1);  }else{    digitalWrite(5,0);
  }
  if(h > 70){
    digitalWrite(6,1);  }else{    digitalWrite(6,0);
  }
  Serial.print("Humidity: ");
  Serial.print(h);
  Serial.print(" %t");
```

▍프로그램 실행

그림 5.32는 온도와 습도를 측정하고 그 값을 모니터링하면서 온도와 습도가 일정한 값 이상에서 LED를 점등하는 아두이노 스케치 프로그램을 나타낸다. 풀다운 메뉴에서 스케치를 선택하고 업로드를 하거나 업로드 아이콘을 사용하여 업로드를 실시하면 프로그램을 컴파일하고 에러가 없으면 업로드가 완료되어 프로그램을 실행할 수 있다.

그림 5.33은 온습도센서(DHT 22)를 사용하여 측정한 온도와 습도를 시리얼 플로터와 모니터 기능을 사용하여 모니터링하고 있는 상태를 나타낸다. 현재의 상태는 손으로 온습도센서를 감싸고 있다가 풀었을 경우에 변화하는 온도와 습도의 상태 변화를 나타낸다.

그림 5.33
온도와 습도 모니터링

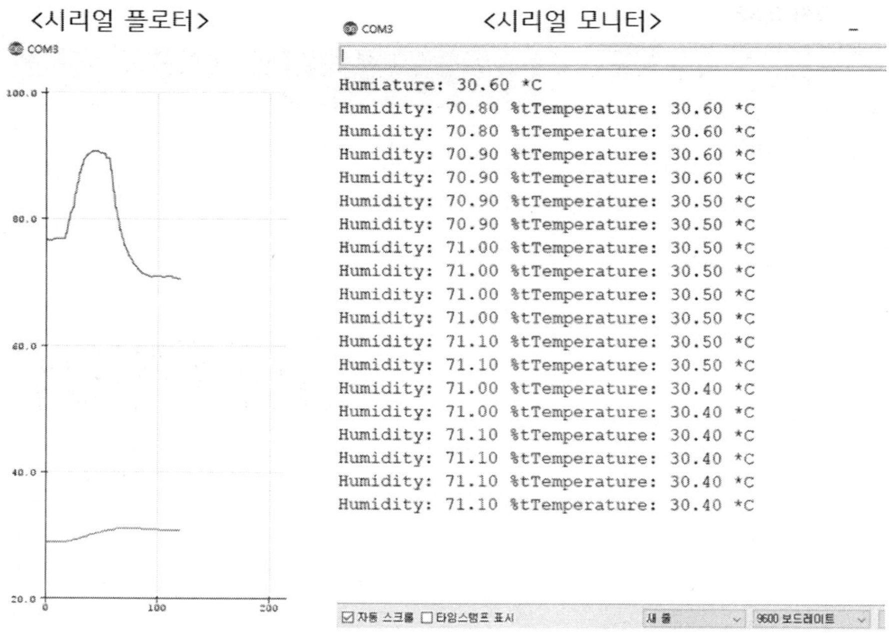

CHAPTER 6

모터제어

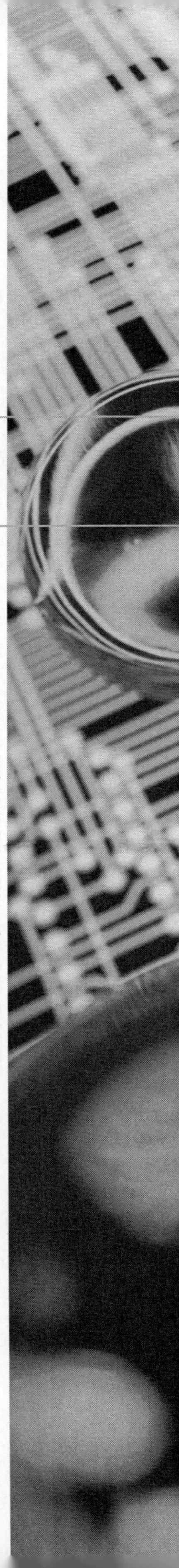

6.1 서보모터제어

6.1.1 블록코딩에 의한 서보모터제어

▌목표

서보모터를 사용하여 회전운동이 가능한 전기회로를 그림 6.1과 같이 구축하고 90 [°] 회전과 LED 점등, 원점 복귀와 LED 소등을 반복하는 블록코딩을 작성한다.

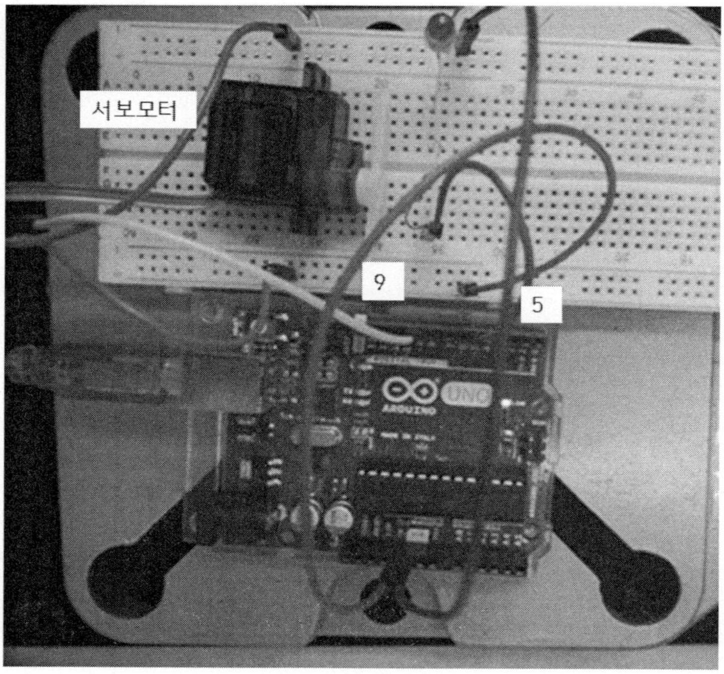

그림 6.1 서보모터를 제어하기 위한 전기회로

▌전기회로 구성

그림 6.2는 서보모터(SG-90)의 핀 구성과 사양을 나타낸다. 서보모터의 1 주기(Sampling Time)는 20 [ms]이고 서보모터에 전원을 공급하는 1 주기에서 1~2 [ms]를 공급하도록 PWM(Pulse Width Modulation) 제어를 하고 있다. 회전 각도는 0~180 [°]이고 회전 속도는 60 [°] 회전에 0.1 [s]로 설정되어 있다. 이때 공급되는 전압은 4.8 [V]이고 토크는 1.8 [kgf · cm]이다.

그림 6.2 SG-90 미니 서보모터의 핀 구성과 사양

동작 전압 : DC 4.8 ~ 6.0V(5V 권장)
회전 각도 : 0 ~ 180도(실제는 170도 정도로 확인)
속도 : 0.1s/60도 (4.8V) / 0.12s/60도 (6V)
토크 : 1.8kgf.cm (4.8V)
크기 : 22.2mm x 11.8mm x 31mm
무게 : 9g

그림 6.3 서보모터와 LED 제어를 위한 전기회로 구성

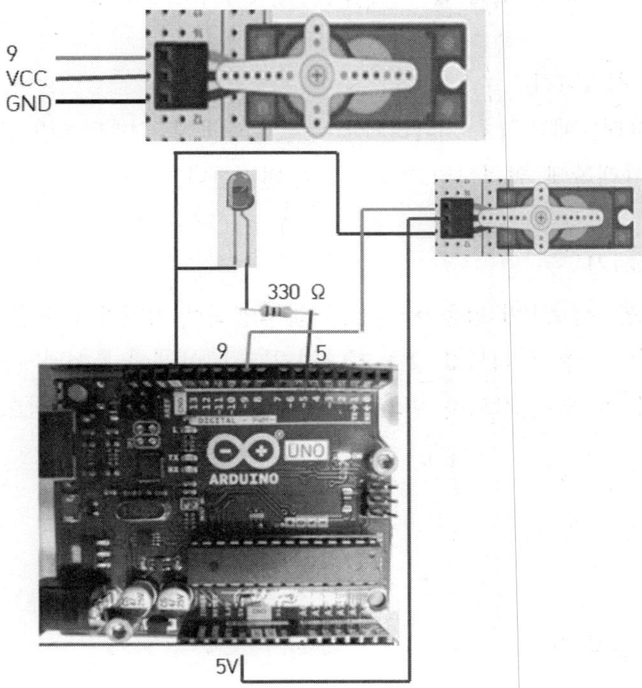

그림 6.3은 서보모터와 LED 제어를 위한 전기회로를 나타낸다. 서보모터는 중앙에 있는 핀에 VCC, 중앙 우측은 GND, 중앙 좌측은 디지털 출력을 위한 9번 핀에 연결한다. LED는 디지털 5번 핀과 저항을 거쳐서 다리가 긴 쪽에 연결하고 다른 쪽은 GND와 연결한다.

▌블록코딩 작성

그림 6.4는 서보모터가 90 [°] 회전할 경우에 LED가 점등하고 원점 복귀 시에는 소등하는 블록코딩을 나타낸다. 로보트 파레트에서 "아두이노 프로그램"의 블록과 "무한 반복하기"블록을 스크립트 영역에 위치시킨다.

• 서보 9번 핀을 90 각도로 설정

로보트 파레트에서 "서보 9번 핀을 90 각도로 설정"블록을 클릭하여 "무한 반복하기"블록 안에 위치시킨다.

• 디지털 5번 핀에 켜짐 보내기

로보트 파레트에서 "디지털 9번 핀에 켜짐 보내기"블록을 클릭하여 "서보 9번 핀을 90 각도로 설정"블록 아래에 위치시키고 9를 5로 변경한다.

• 2초 기다리기

제어 파레트에서 "1초 기다리기"블록을 클릭하여 "디지털 5번 핀에 켜짐 보내기" 블록 아래쪽에 위치시키고 1을 2로 변경한다.

• 복사하기

마우스를 "서보 9번 핀을 90 각도로 설정"블록에 가져가서 오른쪽 버튼을 클릭하여 복사하기를 선택하고 "2초 기다리기"블록 아래에 붙여넣기를 하고 9번 핀을 90에서 -90으로 각도를 변경하고 5번 핀에는 켜짐을 꺼짐으로 변경한다.

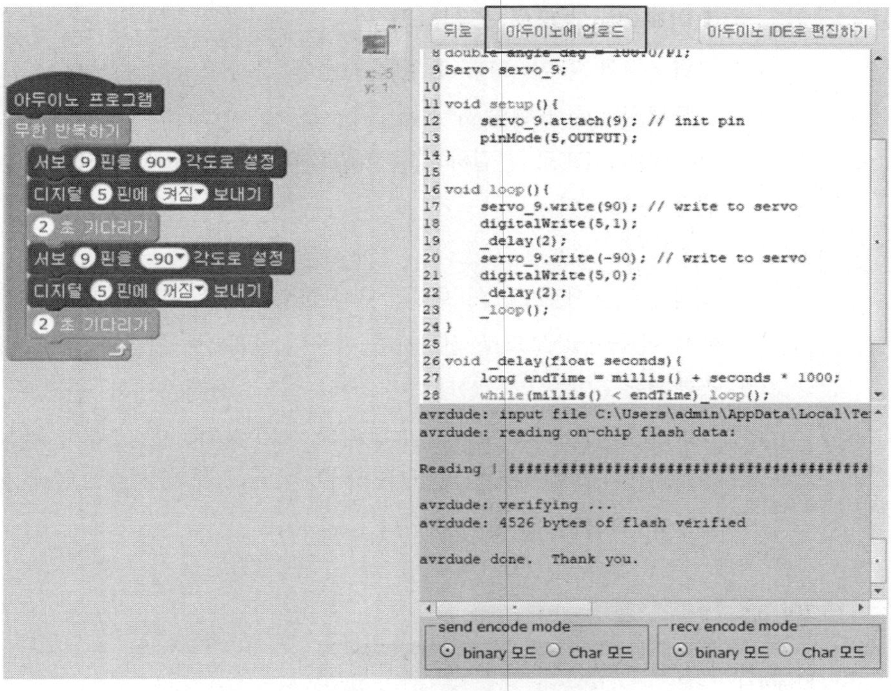

그림 6.4 서보모터의 회전 각도를 제어하는 블록코딩

▎프로그램 실행

mBlock을 사용한 블록코딩이 완료되었으면 풀다운 메뉴의 연결을 선택하여서 시리얼 포트의 연결을 확인하고 풀다운 메뉴에서 편집을 선택하고 아두이노 모드를 선택한다. 아두이노에 업로드를 선택하면 블록코딩된 프로그램을 컴파일하고 아두이노 보드로 전송한다. 프로그램의 업로드가 완료되면 서보모터는 90도 회전하고 LED가 점등되며 2초 후에는 원점 복귀하며 LED가 소등되고 다시 2초 후에 회전하는 것을 확인할 수 있다.

6.1.2 아두이노 스케치에 의한 서보모터 제어

▎목표

그림 6.3의 전기회로를 사용하고 그림 6.4에서 작성한 블록코딩을 활용하여 서보모터의 회전 각도를 제어하고 LED를 점등과 소등하는 아두이노 스케치 프로그램을 작성한다.

❙ 아두이노 IDE로 편집하기

그림 6.4와 같이 mBlock에서 작성된 블록코딩을 아두이노 모드로 전환하고 블록코딩으로 표현할 수 없는 기능을 아두이노 스케치에서 추가하기 위해서는 "아두이노 IDE로 편집하기"를 선택하여 아두이노 스케치를 기동시켜서 프로그램을 추가한다.

그림 6.5는 서보모터의 회전각도와 LED의 점등제어를 가능하게 하는 블록코딩에서 아두이노 모드로 전환하고 아두이노 IDE로 편집하기를 실행하여 아두이노 스케치를 기동시킨 상태이다. 아두이노 스케치에서 필요로 하는 #include 〈Servo.h〉과 Servo servo_9; 그리고 void setup(){....}과 void loop(){....} 부분을 복사하여서 새롭게 기동시킨 아두이노 스케치 프로그램에 붙여넣기를 하고 일부를 다음과 같이 수정한다.

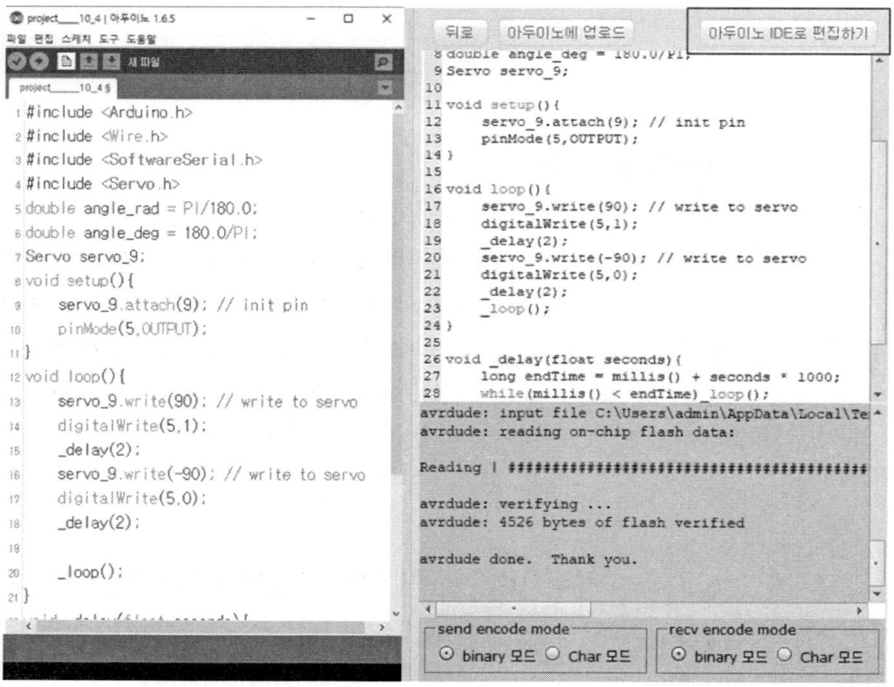

그림 6.5 아두이노 IDE로 편집하기

```
#include <Servo.h>
Servo servo_9;
void setup(){
      servo_9.attach(9); // initpin
      pinMode(5,OUTPUT);
}
void loop(){
      servo_9.write(90); // writetoservo
      digitalWrite(5,1);
      delay(2000);
      servo_9.write(-90); // writetoservo
      digitalWrite(5,0);
      delay(2000);
}
```

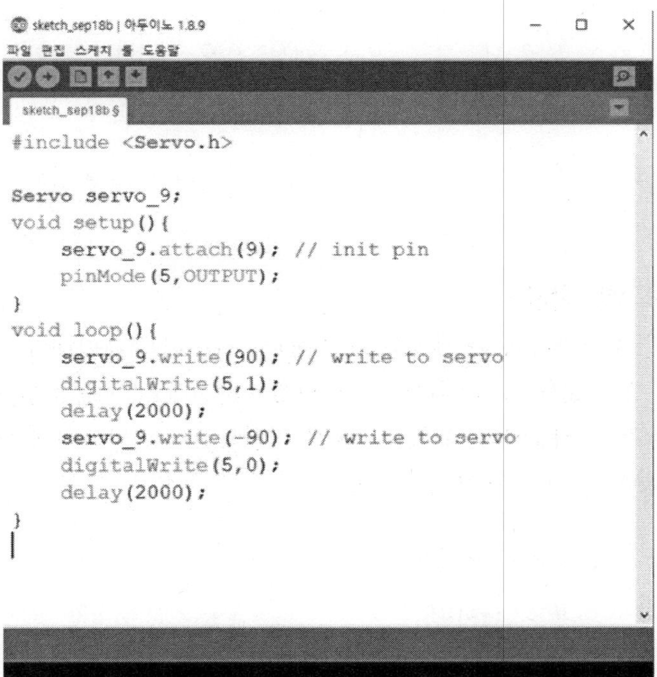

그림 6.6 서보모터를 제어하는 아두이노 스케치 프로그램

▌프로그램 실행

그림 6.6은 블록코딩된 프로그램을 아두이노 모드로 변환하고 아두이노 IDE로 편집하기를 사용하여 전환된 프로그램을 아두이노 스케치 프로그램을 수정한 상태를 나타낸다. 아두이노 스케치 프로그램을 실행하기 위해서는 풀다운 메뉴

에서 스케치를 클릭하여 업로드를 선택하면 컴파일하고 업로드가 실행된다. 서보모터가 회전하면서 LED가 점등하고 반대 방향으로 회전할 때에는 LED가 소등한다.

6.1.3 좌표변환에 의한 서보모터제어

▍목표

직교좌표 상의 위치로 서보모터에 목표치를 입력하여 서보모터의 회전 각도를 제어하고 제어되는 서보모터의 회전 각도를 센서로 측정하여 직교좌표 상에 출력으로 나타내는 그림 6.7의 좌표변환 알고리즘을 이용하여 서보모터를 제어하는 아두이노 스케치 프로그램을 작성한다. 단, 여기서는 회전 각도를 측정하는 센서는 사용하지 않는다.

그림 6.7
좌표변환에 의한 서보모터제어

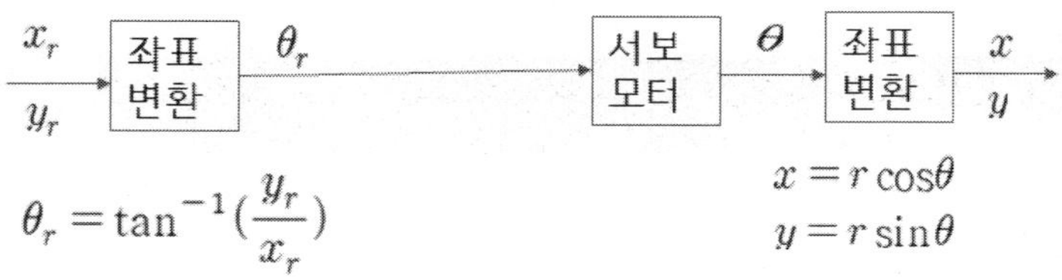

▍프로그램 작성

그림 6.8은 1 자유도의 관절을 가진 매니퓰레이터를 나타낸다. 매니퓰레이터의 길이는 20 [cm]이고 목표위치는 x축 방향으로 10 [cm], y축 방향으로 17 [cm]으로 입력한 예를 사용한다. 관절좌표에서 직교좌표로 변환하기 위해서는 삼각함수를 사용하여 다음과 같이 구한다.

$$x = r \times \cos\theta$$
$$y = r \times \sin\theta$$

여기서, 회전 각도 θ는 실제 매니퓰레이터에서는 회전 각도를 측정하는 센서의 측정값이나 여기서는 계산한 값으로 사용한다.

직교좌표 상에서 목표치를 부여하여 관절좌표 값으로 변환하기 위해서는 위의 식을 사용하여 삼각함수를 사용하여 다음과 같이 구한다.

$$\tan\theta_r = \frac{\sin\theta_r}{\cos\theta_r} = \frac{y_r}{x_r}$$

$$\theta_r = \tan^{-1}\left(\frac{y_r}{x_r}\right)$$

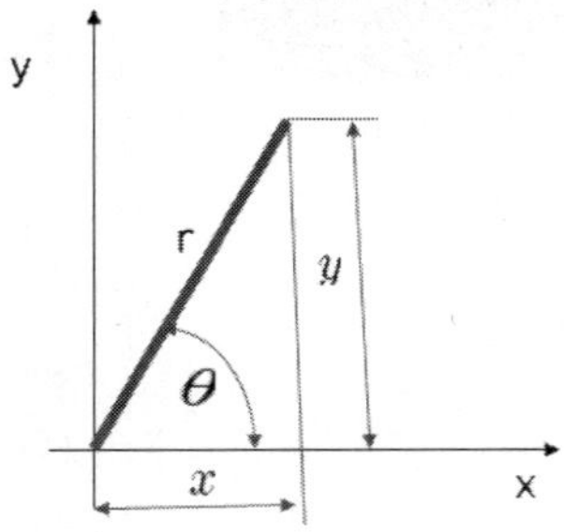

그림 6.8
직교좌표와 좌표변환 사례

예) $r=20 \qquad x_r=10 \qquad y_r=17$

$$\theta_r = \tan^{-1}(\frac{y_r}{x_r}) = \tan^{-1}(\frac{17}{10}) = 59.53\,[\text{deg.}]$$

```
#include <Servo.h>
double angle_rad= PI/180.0;
double angle_deg= 180.0/PI;
Servo servo_9;                          // 서보모터
double xr=10, yr=17;                    // 작교좌표 상의 목표위치
void setup(){
     servo_9.attach(9);                 // 서보모터 설정핀
     pinMode(5,OUTPUT);                 // LED 설정핀
     Serial.begin(9600);                //시리얼 통신 설정
}
void loop(){
     double angle, xx, yy;              // 변수선언
     angle=angle_deg*atan2(yr,xr);      // 목표 각도 계산
     xx= 20*cos(angle*angle_rad);       // 직교좌표 x방향 계산
     yy= 20*sin(angle*angle_rad);       // 직교좌표 y방향 계산
     servo_9.write(angle);              // 서보모터 각도 입력
     digitalWrite(5,1);                 // LED 점등
     delay(2000);
     servo_9.write(-angle);     // 서보모터 반대방향 회전 입력
     digitalWrite(5,0);                 // LED 소등
     delay(2000);
     Serial.print("angle= ");
     Serial.println(angle);             // 각도 출력
     Serial.print("x= ");
     Serial.println(xx);                // x방향값 출력
     Serial.print("y= ");
```

```
        Serial.println(yy);                    // y방향값 출력
        Serial.println("");
   }
```

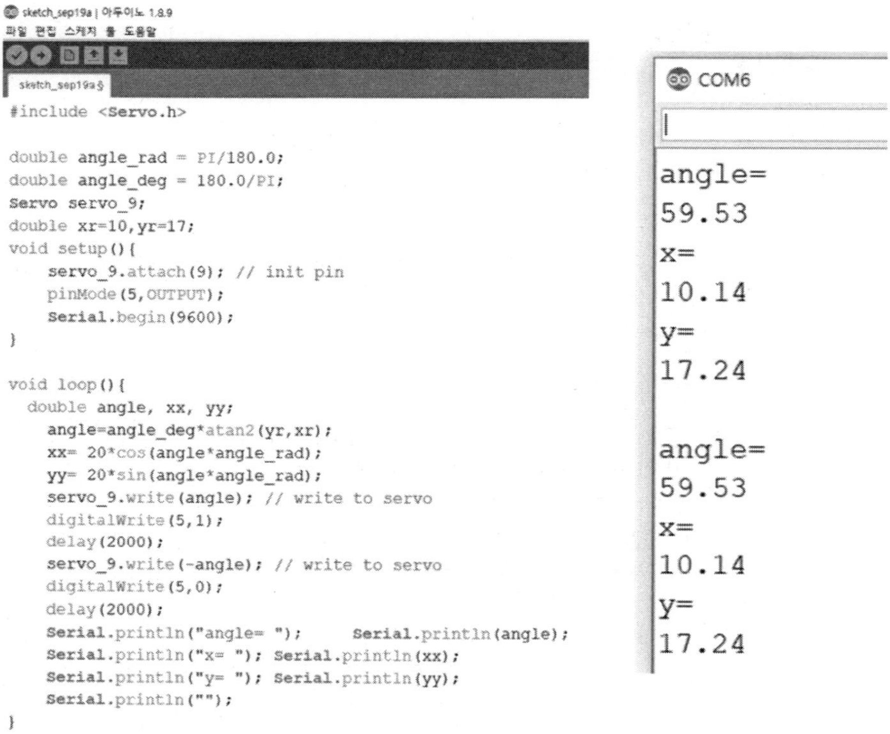

그림 6.9 아두이노 스케치 프로그램과 모니터링

❙ 프로그램 실행

그림 6.9는 1자유도의 매니퓰레이터에 직교좌표상의 값을 부여하여 관절좌표로 변환하여 각도 제어를 실시하는 아두이노 스케치 프로그램을 나타낸다. 풀다운 메뉴에서 스케치를 선택하고 업로드를 하거나 업로드 아이콘을 사용하여 업로드를 실시하면 프로그램을 컴파일하고 에러가 없으면 업로드가 완료되어 프로그램을 실행할 수 있다. 직교좌표의 목표위치는 x_r =10 [cm], y_r = 17 [cm]이고 매니퓰레이터의 이동위치는 좌표계산에 의해 x =10.14 [cm], y = 17.24 [cm]이 된다. 시리얼 모니터에는 좌표변환 값을 나타내고 매니퓰레이터는 주어진 각도만큼 회전하는 것을 확인할 수 있다.

6.2 서보모터 2개와 LED제어

6.2.1 mBlock에 의한 서보모터 2개 각도제어

▎목표

서보모터 2개를 사용하여 각각 회전운동이 가능하고 각각의 관절에 있는 모터가 90도 회전할 경우에 LED를 점등하는 전기회로를 그림 6.10과 같이 구축하고 각각 90도와 원점 복귀를 반복하고 LED를 제어하는 블록코딩을 작성한다.

그림 6.10 서보모터 2개와 LED 제어

▎전기회로 구성

그림 6.11은 2자유도를 가진 매니퓰레이터에 사용하는 서보모터의 사양을 나타낸다. MG995는 회전 각도가 0~120 [°]인 제1 관절용으로 사용하고 SG95는 회전 각도가 0~180 [°]인 제2 관절용으로 사용한다.

그림 6.12는 2개의 서보모터를 사용하여 회전 각도를 제어하고 회전방향에 따라서 LED를 점등할 수 있는 전기회로 구성을 나타낸다. 서보모터 1은 디지털 10번, 서보모터 2는 디지털 9번 핀에 연결하고 VCC와 GND를 연결한다. LED는 다리가 긴 쪽 +극성을 나타내므로 디지털 6번과 5번에 연결하고 LED의 다리가 짧은 쪽은 GND와 연결한다.

그림 6.11
서보모터의 사양

<SG-90 미니서보모터>

동작 전압 : DC 4.8 ~ 6.0V(5V 권장)
회전 각도 : 0 ~ 180도(실제는 170도 정도로 확인)
속도 : 0.1s/60도 (4.8V) / 0.12s/60도 (6V)
토크 : 1.8kgf.cm (4.8V)
크기 : 22.2mm x 11.8mm x 31mm
무게 : 9g

<120도 회전 서보모터 MG995>

동작 전압 : 4.8 ~ 6.6V(5V 권장)
회전 각도 : 0 ~ 120도
속도 : 0.2s/60도 (4.8V) / 0.16s/60도 (6V)
토크 : 8.5kgf.cm(4.8V) / 10kgf.cm(6V)
크기 : 40.7mm x 19.7mm x 42.9mm
무게 : 55g

그림 6.12
2개의 서보모터와 LED를 제어하는 전기회로 구성

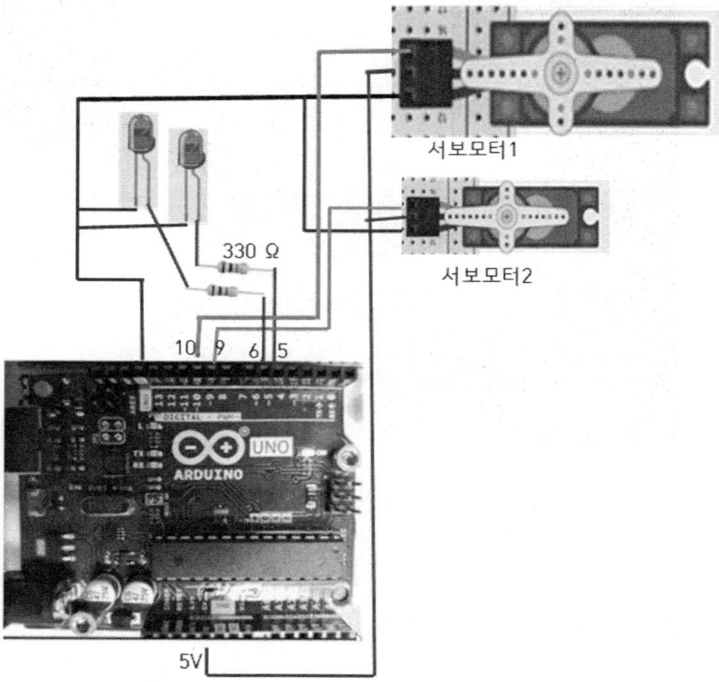

▌블록코딩 작성

그림 6.13은 2개의 서보모터와 2개의 LED를 사용하여 회전각도를 제어하고 모터의 회전에 따라서 LED를 점등하는 블록코딩을 나타낸다. 로보트 파레트에서 "아두이노 프로그램"의 블록과 "무한 반복하기"블록을 스크립트 영역에 위치시킨다.

- 서보 10핀을 90 각도로 설정

로보트 파레트에서 “서보 9핀을 0 각도로 설정”블록을 클릭하여 “무한 반복하기” 블록 안에 위치시키고 9번을 10번으로, 0을 90으로 변경한다.

- 디지털 6번 핀에 켜짐 보내기

로보트 파레트에서 “디지털 9번 핀에 켜짐 보내기”블록을 클릭하여 “서보 10핀을 90 각도로 설정”블록 아래에 위치시키고 9번을 6번으로 변경한다.

- 2초 기다리기

제어 파레트에서 “1초 기다리기”블록을 클릭하여 “디지털 6번 핀에 켜짐 보내기” 블록 아래에 위치시키고 1초를 2초로 변경한다.

- 복사하기

마우스를 “서보 10핀을 90 각도로 설정”블록에 가져가서 오른쪽 버튼을 클릭하여 복사를 선택하고 “2초 기다리기”블록 아래에 붙여넣기를 하고 10번을 9번으로, 6번을 5번으로 변경한다. 다시 마우스를 “서보 10핀을 90 각도로 설정”블록에 가져가서 오른쪽 버튼을 클릭하여 복사를 선택하고 맨 아래에 있는 “2초 기다리기”블록 아래에 붙여넣기를 하고 10번을 9번으로, 6번을 5번으로 90을 -90으로, 켜짐을 꺼짐으로 변경하고 9번을 10번으로, 5번을 6번으로 90을 -90으로, 켜짐을 꺼짐으로 변경한다.

▎프로그램 실행

mBlock을 사용한 블록코딩이 완료되었으면 풀다운 메뉴의 연결을 선택하여서 시리얼 포트의 연결을 확인하고 풀다운 메뉴에서 편집을 선택하고 아두이노 모드를 선택한다. 아두이노에 업로드를 선택하면 블록코딩된 프로그램을 컴파일하고 아두이노 보드로 전송한다. 프로그램의 업로드가 완료되면 제1 관절에 해당하는 서보모터가 회전하고 6번 핀에 연결된 LED가 점등되고 2초 후에는 제2 관절에 해당하는 서보모터가 회전하며 5번 핀에 연결된 LED가 점등한다. 2초 후에는 제2 관절의 모터가 반대방향으로 회전하고 LED가 소등, 다음은 제1 관절에 해당하는 서보모터가 반대방향으로 회전하고 6번 핀에 연결된 LED가 소등한다.

그림 6.13
서보모터 2개를 제어하는 블록코딩

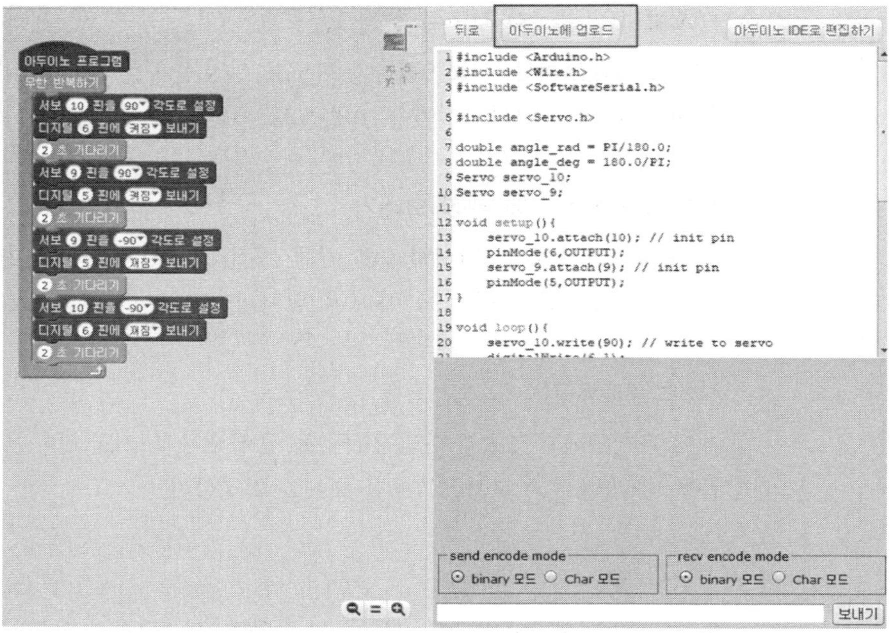

6.2.2 아두이노 스케치에 의한 서보모터 2개 제어

▌목표

그림 6.3의 전기회로를 사용하고 그림 6.4에서 작성한 블록코딩을 활용하여 서보모터 2개와 2개의 LED를 제어하는 아두이노 스케치 프로그램을 작성한다.

▌아두이노 IDE로 편집하기

그림 6.4와 같이 mBlock에서 작성된 블록코딩을 아두이노 모드로 전환하고 "아두이노 IDE 편집하기"를 선택하여 아두이노 스케치를 기동시켜서 프로그램을 수정 및 추가한다.

그림 6.14는 2개의 서보모터와 2개의 LED를 제어하는 블록코딩을 아두이노 모드로 전환하고 우측 상단의 아두이노 IDE로 편집하기를 실행하여 아두이노 스케치를 기동시킨 상태이다. 아두이노 스케치에서 필요로 하는 #include ⟨Servo.h⟩와 서보모터와 연결된 핀 선언에 해당하는 Servo servo_9;, Servo servo_10; 부분과 void setup(){....}과 void loop(){....}부분을 복사하여서 새롭게 기동시킨 아두이노 스케치 프로그램에 붙여넣기를 하고 일부를 다음과 같이 수정한다.

그림 6.14
아두이노 IDE로 편집하기

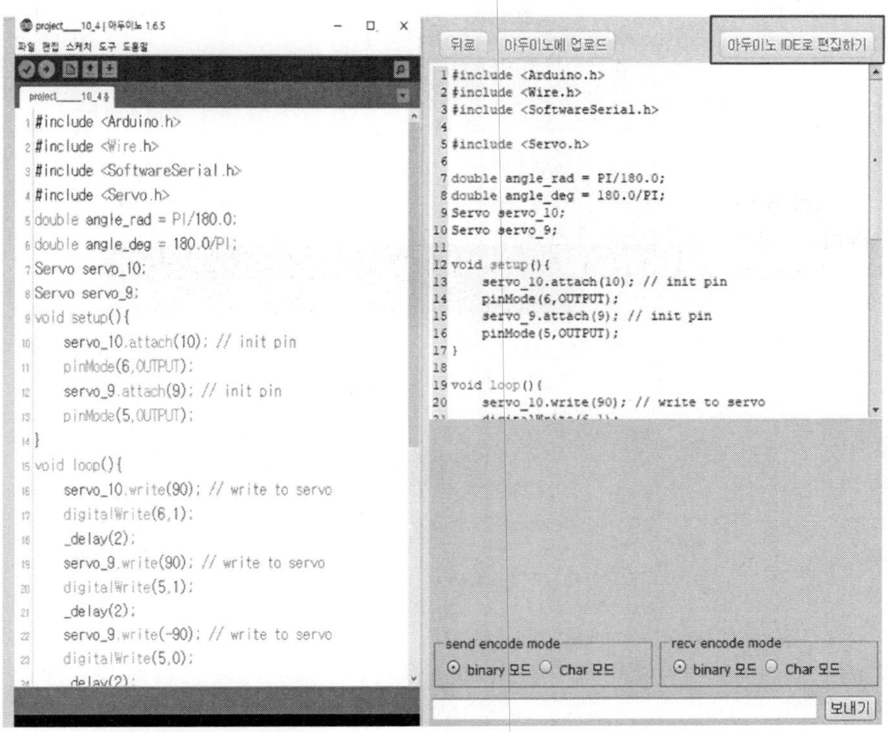


```
#include <Servo.h>
Servo servo_9;
Servo servo_10;
void setup(){
    servo_9.attach(9);
    servo_10.attach(10); // init pin
    pinMode(5,OUTPUT);
    pinMode(6,OUTPUT);
}
void loop(){
    servo_10.write(90); // write to servo
    digitalWrite(6,1);
    delay(2000);
    servo_9.write(90); // write to servo
    digitalWrite(5,1);
    delay(2000);
    servo_9.write(-90); // write to servo
    digitalWrite(5,0);
    delay(2000);
    servo_10.write(-90); // write to servo
```

```
    digitalWrite(6,0);
    delay(2000);
}
```

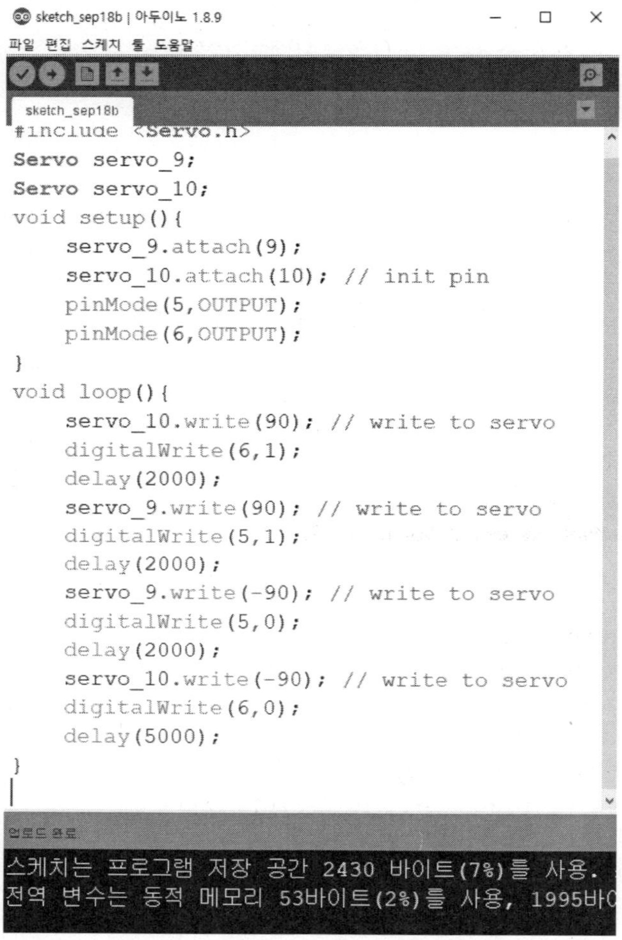

그림 6.15 아두이노 스케치 프로그램

▎프로그램 실행

그림 6.15는 아두이노 스케치에서 2개의 서보모터를 제어하는 프로그램을 나타낸다. 풀다운 메뉴에서 스케치를 클릭하여 업로드를 선택하면 컴파일하고 업로드가 실행된다. servo_10에 연결된 제1 관절용 서보모터가 90[°] 회전하고 2초 후에는 servo_9에 연결된 제2 관절용 서보모터가 90[°] 회전하며 2초 후에는 제2 관절, 제1 관절용 서보모터 순서로 반대 방향으로 회전한다. 회전방향에 따라서 LED의 점등과 소등을 확인할 수 있다.

6.2.3 좌표변환에 의한 서보모터 2개 제어

▎목표

서보모터 2개를 사용하여 각도를 제어하는 그림 6.3의 전기회로를 사용하여 직교좌표에서 목표위치를 설정하고 그 값을 관절좌표로 변환하여 회전 각도를 제어하는 아두이노 스케치 프로그램을 작성한다.

▎좌표변환

그림 6.16은 2개의 서보모터를 사용하는 2자유도 매니퓰레이터와 오픈루프 제어계를 나타낸다. 직교좌표 상에 나타내는 각 관절의 회전 각도와 매니퓰레이터의 길이를 사용하여 회전 각도를 사용하여 직교좌표의 x, y를 다음의 삼각함수를 사용하여 구할 수 있다.

$$x = r_1\cos(\theta_1) + r_2\cos(\theta_1 + \theta_2) \tag{6.1a}$$

$$y = r_1\sin(\theta_1) + r_2\sin(\theta_1 + \theta_2) \tag{6.1b}$$

$$p = \sqrt{x^2 + y^2} \tag{6.1c}$$

위의 식은 관절좌표 값을 사용하여 직교좌표 값으로 변환하는 좌표변환 식을 나타내는 것이고 다음은 직교좌표 상에서 목표치를 부여하여 관절좌표의 목표각도를 생성하는 좌표변환식을 알아본다.

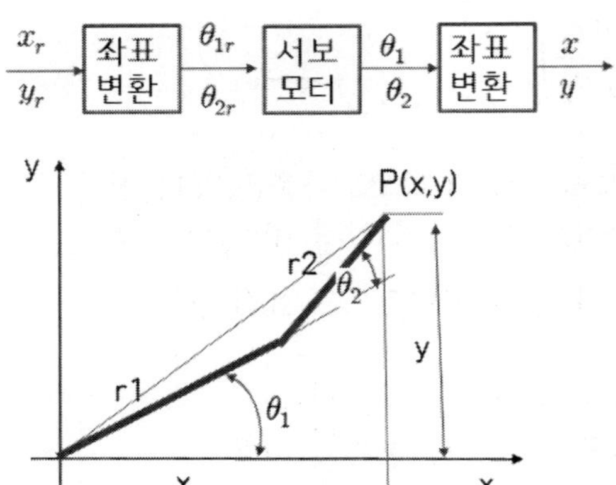

그림 6.16 2자유도 매니퓰레이터

제2관절의 목표각도를 구하기 위하여서 대각선 길이를 나타내는 $p = \sqrt{x^2 + y^2}$의 식에 삼각함수의 덧셈공식을 활용한다.

$$p = \sqrt{x^2 + y^2} \qquad (6.2)$$
$$= \sqrt{(r_1\cos\theta_1 + r_2\cos(\theta_1 + \theta_2))^2 + (r_1\sin\theta_1 + r_2\sin(\theta_1 + \theta_2))^2}$$
$$= \sqrt{r_1^2 + r_2^2 + 2r_1r_2\cos\theta_2}$$

여기서, 삼각함수의 덧셈공식은 다음과 같다.

$$\sin(\theta_1 + \theta_2) = \sin\theta_1\cos\theta_2 + \cos\theta_1\sin\theta_2 \qquad (6.3a)$$

$$\cos(\theta_1 + \theta_2) = \cos\theta_1\cos\theta_2 - \sin\theta_1\sin\theta_2 \qquad (6.3b)$$

대각선 길이를 구하는 식에 삼각함수의 덧셈공식을 대입하여 정리하면 미지수는 $\cos\theta_2$만 남으므로 이를 구하고, 미지수인 $\cos\theta_2$를 $\cos^2\theta_2 + \sin^2\theta_2 = 1$의 관계식에 대입하여 정리하면 $\sin\theta_2$를 구할 수 있다.

$$\cos\theta_2 = \frac{p^2 - (r_1^2 + r_2^2)}{2r_1r_2} \qquad (6.4a)$$

$$\sin\theta_2 = \pm\sqrt{1 - \cos^2\theta_2} \qquad (6.4b)$$

직교좌표 상에서 주어지는 목표치 x, y와 각 관절의 길이 r_1, r_2를 사용하여 미지수인 $\cos\theta_2$를 구하고 이를 위의 식에 대입하면 $\sin\theta_2$를 구할 수 있다. 따라서 제2관절의 목표값은 $\tan\theta_2$를 사용하여 구하면 다음과 같다.

$$\theta_2 = \tan^{-1}\left(\frac{\sin\theta_2}{\cos\theta_2}\right) \qquad (6.5)$$

제2관절의 목표 각도를 구하였으므로 다음은 제1관절의 목표 각도를 구하기 위해서는 직교좌표를 나타내는 (6.1)식에 삼각함수의 덧셈공식 (6.3)식을 대입하여 정리하면 다음과 같이 행렬식으로 표현된다.

$$\begin{bmatrix} x \\ y \end{bmatrix} = \begin{bmatrix} r_1 + r_2\cos\theta_2 & -r_2\sin\theta_2 \\ r_2\sin\theta_2 & r_1 + r_2\cos\theta_2 \end{bmatrix} \begin{bmatrix} \cos\theta_1 \\ \sin\theta_1 \end{bmatrix} \qquad (6.6)$$

위의 식에서 제1 관절의 목표 각도를 구하기 위해서는 역행렬을 사용해야하므로 다음의 역행렬 구하는 식을 사용한다.

$$X = B\Theta \quad \Rightarrow \quad \Theta = B^{-1}X \tag{6.7a}$$

$$B = \begin{bmatrix} a\,b \\ c\,d \end{bmatrix} \quad \Rightarrow \quad B^{-1} = \frac{1}{ad - bc}\begin{bmatrix} d & -b \\ -c & a \end{bmatrix} \tag{6.7b}$$

$$\begin{aligned} a &= r_1 + r_2 \cos\theta_2 \\ b &= -r_2 \sin\theta_2 \\ c &= r_2 \sin\theta_2 \\ d &= r_1 + r_2 \cos\theta_2 \end{aligned} \tag{6.7c}$$

제1 관절의 목표 각도를 구하기 위해서 위의 식을 사용하여 역행렬을 구하고 $\cos\theta_1$과 $\sin\theta_1$을 구하면 다음과 같다.

$$\cos\theta_1 = \frac{(r_1 + r_2 \cos\theta_2)x + r_2 \sin\theta_2 y}{(r_1 + r_2 \cos\theta_2)^2 + (r_2 \sin\theta_2)^2} \tag{6.8a}$$

$$\sin\theta_1 = \frac{-r_2 \sin\theta_2 x + (r_1 + r_2 \cos\theta_2)y}{(r_1 + r_2 \cos\theta_2)^2 + (r_2 \sin\theta_2)^2} \tag{6.8b}$$

따라서 제1 관절의 목표값은 $\tan\theta_1$를 사용하여 구하면 다음과 같다.

$$\theta_1 = \tan^{-1}\left(\frac{\sin\theta_1}{\cos\theta_1}\right) \tag{6.9}$$

좌표계산

직교좌표 상에서 목표치 x_r, y_r이 주어지면 식(6.5)와 식(6.9)를 사용하여 θ_{1r}, θ_{2r}을 계산하여 제1 관절과 제2 관절의 서보모터 목표 각도를 구한다. 서보모터가 회전하면 발생하는 회전 각도를 θ_1, θ_2이라고 하고 이는 실제는 회전각을 측정하는 센서값이 되고 식(6.1)에 의하여 직교좌표 x, y로 변환된다. 아두이노 스케치를 사용하여 좌표변환을 하고 그 값을 시리얼 모니터에 출력하기 위한 프로그램은 다음과 같다.

```
double angle_rad = PI/180.0;
double angle_deg = 180.0/PI;
double xr=30, yr=15;
void setup(){
     Serial.begin(9600);
```

```
}
void loop(){
      double angle01, angle02, xx, yy;
      double cos01, cos02, sin01, sin02;
      cos02=(xr*xr+yr*yr-400-15*15)/(2*20*15);
      sin02=sqrt(1-cos02*cos02);


cos01=((20+15*cos02)*xr+15*sin02*yr)/((20+15*cos02)
              *(20+15*cos02)+(15*sin02)*(15*sin02));
sin01=(-15*sin02*xr+(20+15*cos02)*yr)/((20+15*cos02)
              *(20+15*cos02)+(15*sin02)*(15*sin02));

      angle01=angle_deg*atan2(sin01,cos01);
      angle02=angle_deg*atan2(sin02,cos02);


xx=20*cos(angle01*angle_rad)+15*cos((angle01+angle02)
              *angle_rad);

yy=20*sin(angle01*angle_rad)+15*sin((angle01+angle02)
              *angle_rad);

      Serial.print("angle01= ");
Serial.println(angle01);
      Serial.print("angle02= ");
Serial.println(angle02);
      Serial.print("x= ");            Serial.println(xx);
      Serial.print("y= ");            Serial.println(yy);
      Serial.println("");
      delay(3000);
}
```

그림 6.17은 아두이노 스케치에서 좌표변환 프로그램을 사용하여 업로드하고 실행한 상태를 나타낸다. 직교좌표 상에서 목표치 $x_r = 30$, $y_r = 15$를 입력할 경우에 제1 관절과 제2 관절의 서보모터 목표 각도는 $\theta_{1r} = 12.25$, $\theta_{2r} = 33.56$으로 계산하여 입력된다. 서보모터가 회전하면 발생하는 회전 각도 θ_1, θ_2은 식(6.1)에 의하여 직교좌표 x, y으로 변환된다.

그림 6.17 좌표변환 프로그램과 실행상태

2개의 서보모터 제어

직교좌표 상에서 목표치 x_r, y_r이 주어지면 식(6.5)와 식(6.9)를 사용하여 θ_{1r}, θ_{2r}을 계산하여 제1 관절과 제2 관절의 서보모터 목표 각도를 구하고 servo_10.write(angle01); 와 servo_9.write(angle02); 의 명령으로 서보모터를 회전시킨다. 서보모터가 회전하면 발생하는 회전 각도를 θ_1, θ_2이라고 하고 이는 실제는 회전각을 측정하는 센서값이 되고 식(6.1)에 의하여 직교좌표 x, y로 변환된다. 아두이노 스케치를 사용하여 좌표변환을 하고 그 값을 시리얼 모니터에 출력하고 서보모터 2개를 제어하는 프로그램은 다음과 같다.

```
#include <Servo.h>
Servo servo_9;
Servo servo_10;

double angle_rad= PI/180.0;
double angle_deg= 180.0/PI;
double xr=30, yr=15;
void setup(){
     Serial.begin(9600);
     servo_9.attach(9);       //제2 관절설정
     servo_10.attach(10);     //제1 관절설정
     pinMode(5,OUTPUT);       //제2 관절 LED
     pinMode(6,OUTPUT);       //제1 관절 LED
}
void loop(){
     double angle01, angle02, xx, yy;
     double cos01, cos02,sin01,sin02;

     //제2 관절 목표각도 계산
     cos02=(xr*xr+yr*yr-400-15*15)/(2*20*15);
     sin02=sqrt(1-cos02*cos02);
     angle02=angle_deg*atan2(sin02,cos02);

     //제1 관절 목표각도 계산
cos01=((20+15*cos02)*xr+15*sin02*yr)/((20+15*cos02)
          *(20+15*cos02)+(15*sin02)*(15*sin02));
   sin01=(-15*sin02*xr+(20+15*cos02)*yr)/((20+15*cos02)
          *(20+15*cos02)+(15*sin02)*(15*sin02));
   angle01=angle_deg*atan2(sin01,cos01);

     //제1 관절 서보모터제어
     servo_10.write(angle01); // write to servo
     digitalWrite(6,1);
     delay(2000);

     //제2 관절 서보모터제어
     servo_9.write(angle02); // write to servo
     digitalWrite(5,1);
     delay(2000);

     //제2 관절 반대방향 서보모터제어
     servo_9.write(-angle02); // write to servo
     digitalWrite(5,0);
```

```
        delay(2000);
        //제1 관절 반대방향 서보모터제어
      servo_10.write(-angle01); // write to servo
      digitalWrite(6,0);
      delay(5000);

        //관절좌표에서 직교좌표 변환

  xx=20*cos(angle01*angle_rad)+15*cos((angle01+angle02)
              *angle_rad);

  yy=20*sin(angle01*angle_rad)+15*sin((angle01+angle02)
              *angle_rad);

        //시리얼 모니터에 출력
        Serial.println("angle01= ");
  Serial.println(angle01);
        Serial.println("angle02= ");
  Serial.println(angle02);
        Serial.println("x= "); Serial.println(xx);
        Serial.println("y= "); Serial.println(yy);
        Serial.println("");
  }
```

▎프로그램 실행

그림 6.18은 직교좌표 상에서 목표치 $x_r = 30$, $y_r = 15$를 부여하여 이를 관절좌표로 변환해서 목표각도를 제어하는 아두이노 스케치 프로그램을 나타낸다. 풀다운 메뉴에서 스케치를 클릭하여 업로드를 선택하면 컴파일하고 업로드가 실행된다. servo_10에 연결된 제1 관절용 서보모터는 좌표변환에 의해 $\theta_{1r} = 12.25$ [°] 회전하고 2초 후에는 servo_9에 연결된 제2 관절용 서보모터는 좌표변환에 의해 $\theta_{2r} = 33.56$ [°] 회전하고 2초에는 반대방향으로 회전하는 것을 확인할 수 있다.

그림 6.18 아두이노 스케치에 의한 직교좌표 위치제어

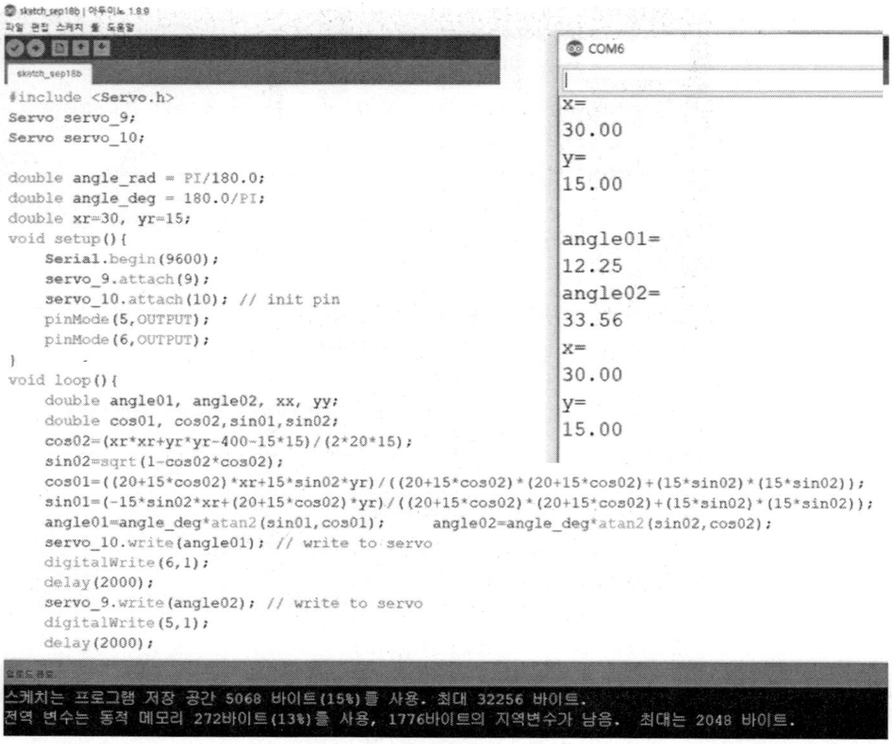

6.3 스테핑모터제어

6.3.1 블록코딩에 의한 스테핑모터제어

▌목표

스텝모터를 사용하여 360 [°] 회전이 가능하고 정회전과 역회전을 LED 점등으로 나타내도록 그림 6.19와 같이 전기회로를 구축하고 360 [°]와 원점 복귀를 반복하는 블록코딩을 작성한다.

그림 6.19
스테핑모터와 LED 제어

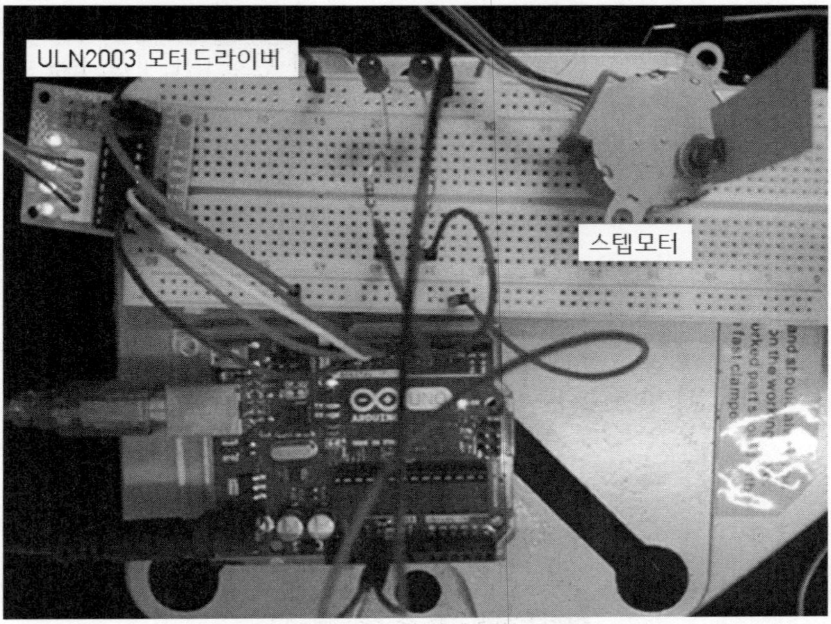

❙ 전기회로 구성

그림 6.20은 64각 스테핑모터와 ULN2003 모터드라이버의 사양을 나타낸다. 64각 스테핑모터의 스텝당 각도는 11.25 [°]이고 1회전에는 2048 [펄스]가 필요하다. 토크는 34.3 [mN · m]이고 작동전압은 5 [V]이다.

그림 6.20
스테핑모터와 모터드라이버의 사양

<5 V 스텝모터>

모델 : 28BYJ-48
각도 및 속도 제어 가능
64각 스텝모터
2048펄스/회전
작동 전압: 5V
스텝당 각도 : 5.625/64, 11.25/64
토크: 34.3mN.m
직류 저항: 200Ω ± 7 % (25C)
케이블 길이 : 235 mm

<ULN2003 모터드라이버>

28BYJ-48 스텝모터
스텝각이 5.625°/ 64 = 4098펄스/360
스텝각이 11.25°/ 64 = 2048펄스/360

그림 6.21은 스테핑모터를 제어하고 LED를 제어하기 위한 전기회로 구성을 나타낸다. 스테핑모터 드라이버의 핀 번호 IN1, IN2, IN3, IN4는 11, 10, 9, 8으로 설정하고 VCC와 GND를 연결하고 드라이버와 64각 스테핑모터를 연결한다. LED는 디지털 5와 6번에 연결한다.

그림 6.21 스테핑모터 제어를 위한 전기회로 구성

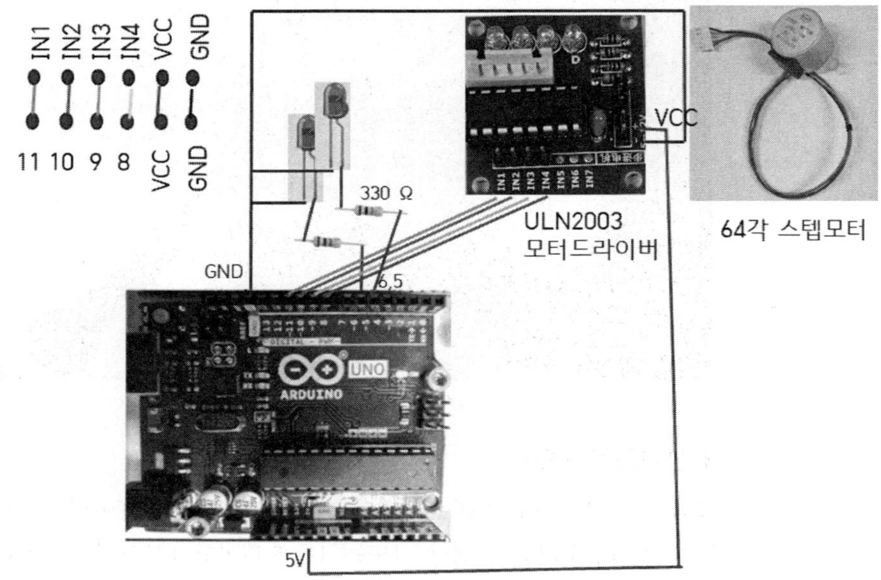

▌블록코딩 작성

그림 6.22는 스테핑모터를 제어하기 위하여 사전에 설치해야 하는 라이브러리 설치과정을 나타낸다. 풀다운 메뉴의 확장에서 확장관리를 선택하고 검색창에 stepper을 입력하여 스테핑모터의 라이브러리를 검색하고 이를 다운로드한다.

그림 6.23은 스테핑모터에 2048 [펄스]를 입력하여 360 [°] 회전하고 LED가 점등하며 원점 복귀 시에는 소등하는 블록코딩을 나타낸다. 로보트 파레트에서 "아두이노 프로그램"의 블록과 "무한 반복하기"블록을 스크립트 영역에 위치시킨다.

• init stepper 1 : 1500 steps per rev, 20 rpm, pins 8, 10, 9, 11

로보트 파레트에서 "init stepper 1 : 1500 steps per rev, 20 rpm, pins 8, 10, 9, 11"블록을 클릭하여 "무한 반복하기"블록 안에 위치시킨다.

그림 6.22
스테핑모터 제어를 위한 라이브러리 설치

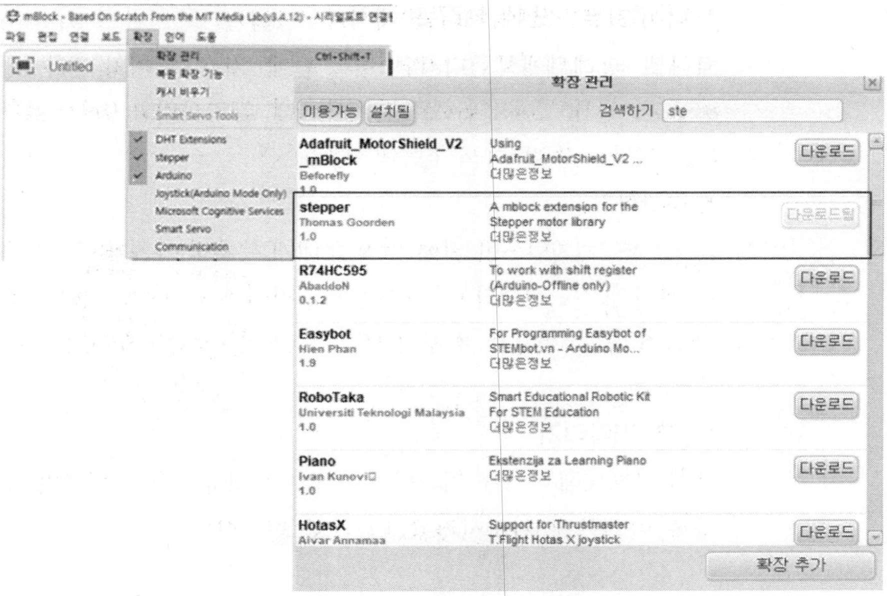

그림 6.23
스테핑모터를 제어하는 블록코딩

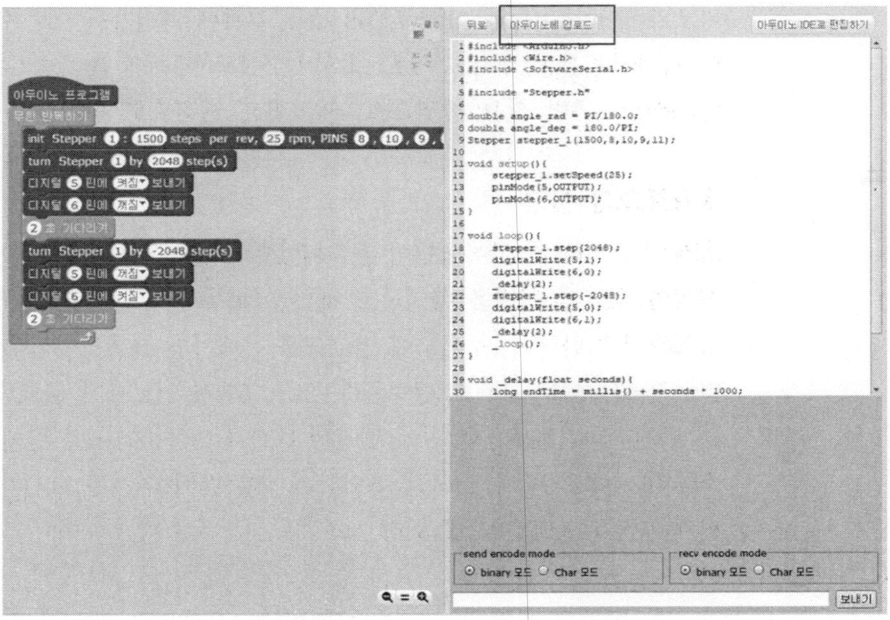

- turn stepper 1 by 2048 steps

로보트 파레트에서 "turn stepper 1 by 120 steps"블록을 클릭하여 "init stepper 1 : 1500 steps per rev, 20 rpm, pins 8, 10, 9, 11"블록 아래에 위치시키고 120을 2048로 변경한다.

• 디지털 5번 핀에 켜짐 보내기

로보트 파레트에서 "디지털 9번 핀에 켜짐 보내기"블록을 클릭하여 "turn stepper 1 by 2048 steps"블록 아래에 위치시키고 9를 5로 변경한다.

• 복사하기

마우스를 "디지털 5번 핀에 켜짐 보내기"블록에 가져가서 오른쪽 버튼을 클릭하여 복사하기를 선택하고 "디지털 5번 핀에 켜짐 보내기"블록 아래에 붙여넣기를 하고 5번을 6번으로 바꾸고 켜짐을 꺼짐으로 변경한다.

• 2초 기다리기

제어 파레트에서 "1초 기다리기"블록을 클릭하여 "디지털 6번 핀에 꺼짐 보내기" 블록 아래쪽에 위치시키고 1을 2로 변경한다.

• 복사하기

마우스를 "turn stepper 1 by 2048 steps"블록에 가져가서 오른쪽 버튼을 클릭하여 복사하기를 선택하고 "2초 기다리기"블록 아래에 붙여넣기를 하고 2048은 -2048으로, 5번 핀은 꺼짐으로, 6번 핀은 켜짐으로 변경한다.

▎프로그램 실행

mBlock을 사용한 블록코딩이 완료되었으면 풀다운 메뉴의 연결을 선택하여서 시리얼 포트의 연결을 확인하고 풀다운 메뉴에서 편집을 선택하고 아두이노 모드를 선택한다. 아두이노에 업로드를 선택하면 블록코딩된 프로그램을 컴파일하고 아두이노 보드로 전송한다. 프로그램의 업로드가 완료되면 스테핑모터는 360 [°] 회전하고 5번 핀에 연결된 LED가 점등되고 6번 핀에 연결된 LED는 소등된다. 2초 후에는 원점 복귀하며 5번 핀에 연결된 LED가 소등되고 6번 핀에 연결된 LED는 점등된다.

6.3.2 아두이노 IDE 편집하기를 활용한 스테핑모터 제어

▎목표

그림 6.21의 전기회로를 사용하고 그림 6.23에서 작성한 블록코딩을 아두이노 IDE로 편집하기를 활용하여 스테핑모터의 회전 각도를 제어하고 LED를 점등과 소등하는 아두이노 스케치 프로그램을 작성한다.

▌아두이노 IDE로 편집하기

그림 6.24는 스테핑모터의 회전각도와 LED의 점등제어를 가능하게 하는 블록코딩에서 아두이노 모드로 전환하고 아두이노 IDE로 편집하기를 실행하여 아두이노 스케치를 기동시킨 상태이다. 아두이노 스케치에서 필요로 하는 #include "Stepper.h"와 Stepper stepper_1(1500,8,10,9,11); 그리고 void setup(){....}과 void loop(){....} 부분을 남기고 나머지는 삭제를 하고 일부를 다음과 같이 수정한다.

```
#include "Stepper.h"                    //스테핑모터 라이브러리
Stepper stepper_1(1500, 8, 10, 9, 11);        //핀번호 설정
void setup(){
   stepper_1.setSpeed(25);              //회전속도설정
   pinMode(5, OUTPUT);                  //LED 설정
   pinMode(6, OUTPUT);
}
void loop(){
   stepper_1.step(2048);                //스테핑모터의 회전량 설정
   digitalWrite(5, 1);                  //LED점등
   digitalWrite(6, 0);                  //LED소등
   delay(2000);
   stepper_1.step(-2048);
   digitalWrite(5, 0);
   digitalWrite(6, 1);
   delay(2000);
}
```

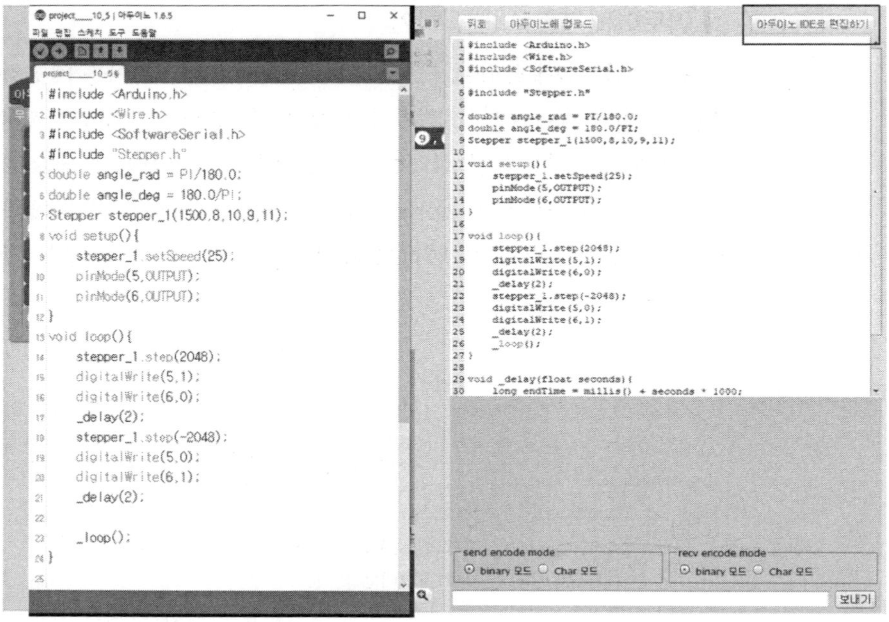

그림 6.24
아두이노 IDE로 편집하기

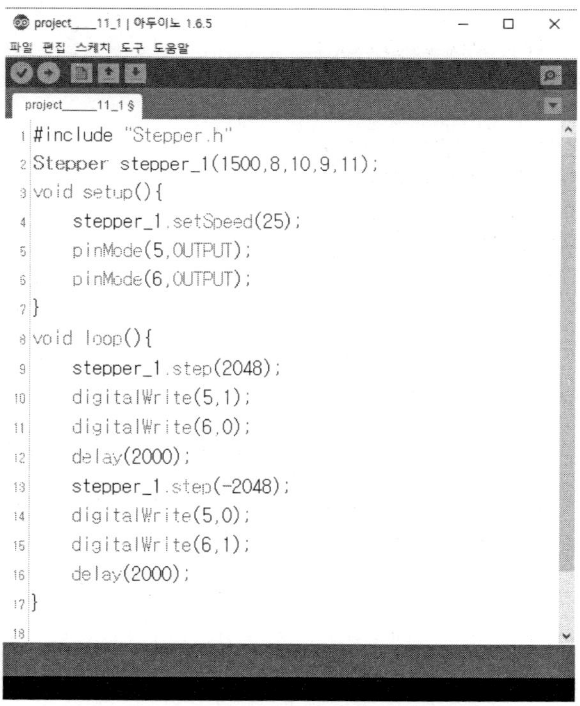

그림 6.25
아두이노 스케치 프로그램

▎프로그램 실행

그림 6.25는 블록코딩된 프로그램을 아두이노 모드로 변환하고 아두이노 IDE로 편집하기를 사용하여 전환된 프로그램을 아두이노 스케치 프로그램을 수정한 상태를 나타낸다. 아두이노 스케치 프로그램을 실행하기 위해서는 풀다운 메뉴에서 스케치를 클릭하여 업로드를 선택하면 컴파일하고 업로드가 실행된다. 스테핑모터가 회전하면서 5번 핀에 연결된 LED가 점등되고 6번 핀에 연결된 LED는 소등된다. 2초 후에는 원점 복귀하며 5번 핀에 연결된 LED가 소등되고 6번 핀에 연결된 LED는 점등된다.

6.3.3 아두이노 스케치에 의한 스테핑모터 제어

▎목표

그림 6.21의 전기회로를 사용하고 스테핑모터의 회전 각도를 제어하고 LED를 점등과 소등하는 아두이노 스케치 프로그램을 작성한다.

▎아두이노 스케치 프로그램 작성

그림 6.26은 아두이노 스케치에서 스테핑모터의 라이브러리를 설치하기 위한 과정을 나타낸다. 풀다운 메뉴의 스케치에서 라이브러리 포함하기를 선택하고 라이브러리 관리 대화상자에서 stepper을 선택하면 편집화면에 다음과 같이 라이브러리가 자동으로 생성된다.

```
#include <Stepper.h>
```

그림 6.27은 stepper의 라이브러리가 설치되지 않았을 경우에 설치하는 상태를 나타낸다. 라이브러리 관리의 대화상자에서 맨 위의 라이브러리 관리를 선택하면 라이브러리 매니저 대화상자가 나타나고 검색창에 stepper을 입력하면 해당하는 라이브러리가 나타난다. 설치되지 않았을 경우에 설치를 선택하면 라이브러리 설치가 되고 이미 설치되어 있으면 INSTALLED으로 표시된다.

그림 6.26 아두이노 스케치에서 라이브러리 포함하기

그림 6.27 stepper 라이브러리 설치

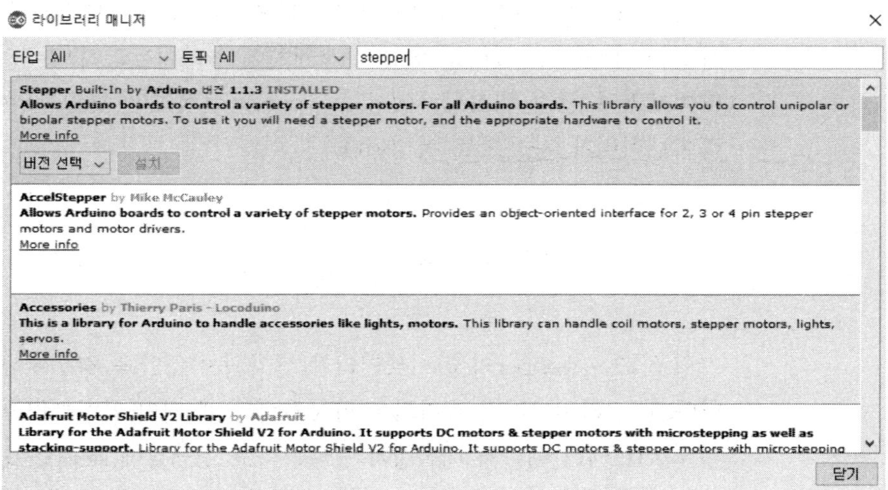

```
#include <Stepper.h>
            // 2048:한바퀴(360도), 1024:반바퀴(180도)...
const int stepsPerRevolution= 2048;
            // 모터 드라이브에 연결된 핀 IN4, IN2, IN3, IN1
Stepper myStepper(stepsPerRevolution,11,9,10,8);

void setup() {
     myStepper.setSpeed(18);    //회전속도설정, 최대 18rpm
     pinMode(5, OUTPUT);          //LED 설정
     pinMode(6, OUTPUT);
}
void loop() {
     myStepper.step(stepsPerRevolution);
                                  //시계 반대방향으로 한바퀴
     digitalWrite(5, 1);          //LED점등
     digitalWrite(6, 0);          //LED소등
     delay(2000);

     myStepper.step(-stepsPerRevolution);
                                  //시계방향으로 한바퀴
     digitalWrite(5, 0);          //LED소등
     digitalWrite(6, 1);          //LED점등
     delay(2000);
}
```

▎프로그램 실행

그림 6.28은 스테핑모터를 제어하기 위하여 아두이노 스케치를 사용한 프로그램을 나타낸다. 아두이노 스케치 프로그램을 실행하기 위해서는 풀다운 메뉴에서 스케치를 클릭하여 업로드를 선택하면 컴파일하고 업로드가 실행된다. 스테핑모터가 회전하면서 5번 핀에 연결된 LED가 점등되고 6번 핀에 연결된 LED는 소등된다. 2초 후에는 원점 복귀하며 5번 핀에 연결된 LED가 소등되고 6번 핀에 연결된 LED는 점등된다.

그림 6.28 아두이노 스케치에 의한 스테핑모터 제어

```
#include<Stepper.h>
// 2048:한바퀴(360도), 1024:반바퀴(180도)...
const int stepsPerRevolution= 2048;
// 모터 드라이브에 연결된 핀 IN4, IN2, IN3, IN1
Stepper myStepper(stepsPerRevolution,11,9,10,8);
void setup() {
    myStepper.setSpeed(18);      //회전속도설정, 최대 18rpm
    pinMode(5, OUTPUT);      //LED 설정
    pinMode(6, OUTPUT);
}
void loop() {
    myStepper.step(stepsPerRevolution); //시계 반대방향으로 한바퀴
    digitalWrite(5, 1);        //LED점등
    digitalWrite(6, 0);        //LED소등
    delay(2000);

    myStepper.step(-stepsPerRevolution);     //시계방향으로 한바퀴
    digitalWrite(5, 0);        //LED소등
    digitalWrite(6, 1);        //LED점등
    delay(2000);
}
```

```
스케치는 프로그램 저장 공간 2266 바이트(7%)를 사용. 최대 32256 바이트.
전역 변수는 동적 메모리 35바이트(1%)를 사용, 2013바이트의 지역변수가 남음.
```

6.4 스테핑모터 2개와 LED제어

6.4.1 블록코딩에 의한 스테핑모터 제어

| 목표

스테핑모터 2개를 사용하여 각각 360 [°] 회전하고 정회전과 역회전을 LED점등으로 나타내도록 전기회로를 그림 6.29와 같이 구축하고 각각의 모터가 360 [°]와 원점 복귀를 반복하고 정회전과 역회전을 구분하여 LED를 점등하는 블록코딩을 작성한다.

그림 6.29
스테핑모터
2개와 LED제어

그림 6.30
2개의
스테핑모터와
LED를 제어하는
전기회로 구성

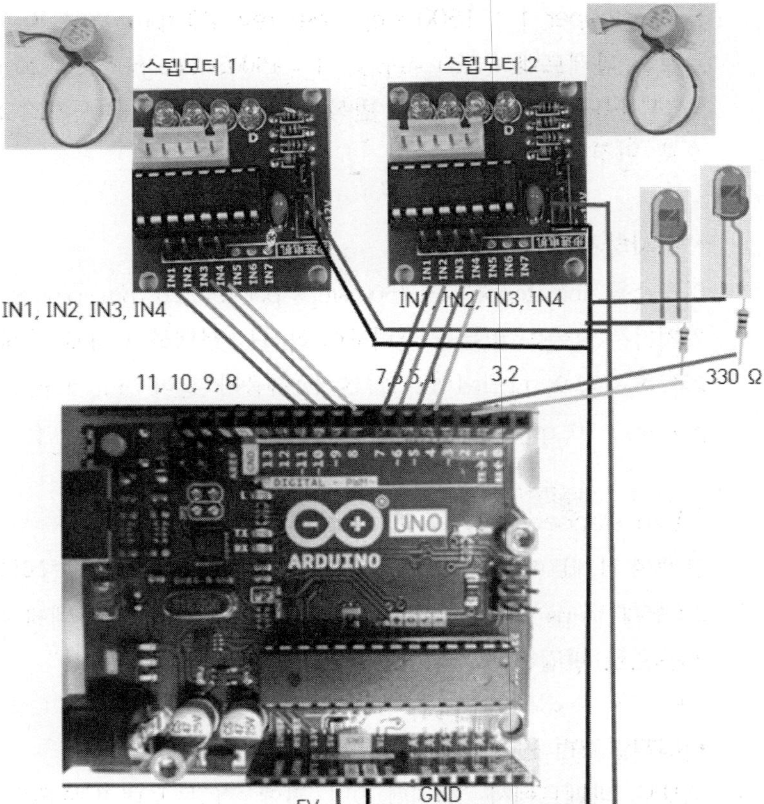

▍전기회로 구성

그림 6.30은 2개의 스텝모터와 2개의 LED를 제어하기 위한 전기회로 구성을 나타낸다. 스텝모터 1의 드라이버의 핀 번호는 IN1, IN2, IN3, IN4으로서 순서대로 11, 10, 9, 8으로 연결하고, 스텝모터 2의 드라이버의 핀 번호는 IN1, IN2, IN3, IN4은 순서대로 7, 6, 5, 4으로 연결하고 VCC와 GND를 연결한다. LED는 다리가 긴 쪽 +극성을 나타내므로 디지털 2번과 3번에 연결하고 LED의 다리가 짧은 쪽은 GND와 연결한다.

▍블록코딩 작성

그림 6.31 2개의 스텝모터와 2개의 LED를 사용하여 회전 각도를 제어하고 모터의 회전에 따라서 LED를 점등하는 블록코딩을 나타낸다. 로보트 파레트에서 "아두이노 프로그램"의 블록과 "무한 반복하기"블록을 스크립트 영역에 위치시킨다.

• init stepper 1 : 1500 steps per rev, 20 rpm, pins 8, 10, 9, 11

로보트 파레트에서 "init stepper 1 : 1500 steps per rev, 20 rpm, pins 8, 10, 9, 11"블록을 클릭하여 "무한 반복하기"블록 안에 위치시키고 20 rpm을 10 rpm으로 변경한다.

• 복사하기

마우스를 "init stepper 1 : 1500 steps per rev, 20 rpm, pins 8, 10, 9, 11"블록에 가져가서 오른쪽 버튼을 클릭하여 복사를 선택하고 바로 밑에 위치시키고 1을 2로, 8, 10, 9, 11을 4, 6, 5, 7으로 다음과 같이 "init stepper 2 : 1500 steps per rev, 10 rpm, pins 4, 6, 5, 7"블록을 변경한다.

• turn stepper 1 by 2048 steps

로보트 파레트에서 "turn stepper 1 by 120 steps"블록을 클릭하여 "init stepper 2 : 1500 steps per rev, 10 rpm, pins 4, 6, 5, 7"블록 아래에 위치시키고 120을 2048으로 변경한다.

• 디지털 3번 핀에 켜짐 보내기

로보트 파레트에서 "디지털 9번 핀에 켜짐 보내기"블록을 클릭하여 "turn stepper 1 by 2048 steps"블록 아래에 위치시키고 9번을 3번으로 변경한다.

그림 6.31
스테핑모터 2개를 제어하는 블록코딩

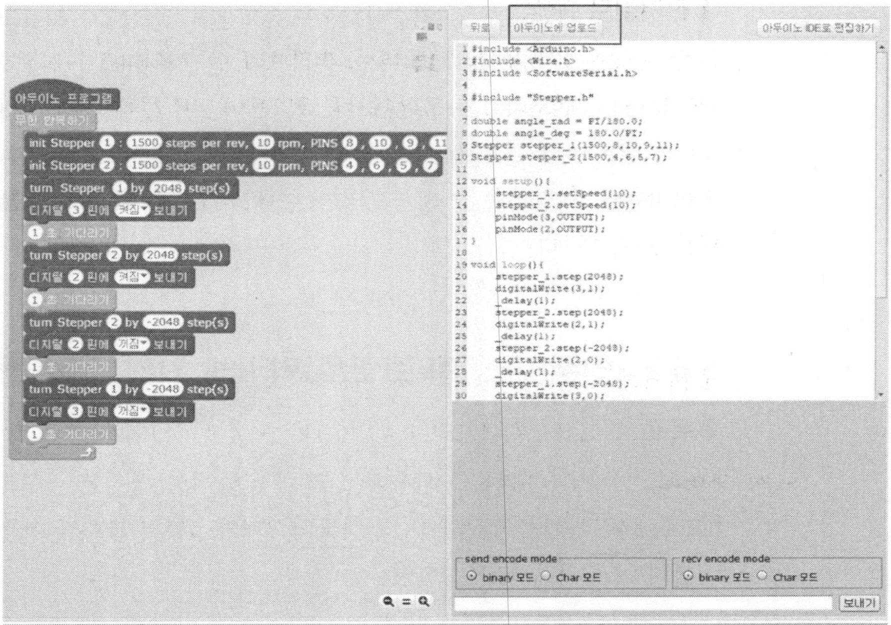

• 1초 기다리기

제어 파레트에서 "1초 기다리기"블록을 클릭하여 "디지털 3번 핀에 켜짐 보내기" 블록 아래에 위치시킨다.

• 복사하기

마우스를 "turn stepper 1 by 2048 steps"블록에 가져가서 오른쪽 버튼을 클릭하여 복사를 선택하고 "1초 기다리기"블록 아래에 붙여넣기를 하고 1을 2로, 3번을 2번으로 변경한다. 다시 마우스를"turn stepper 1 by 2048 steps"블록에 가져가서 오른쪽 버튼을 클릭하여 복사를 선택하고 "1초 기다리기"블록 아래에 붙여넣기를 하고 제2 관절에 대한 파라미터에서 1을 2로, 2048은 -2048으로, 3번은 2번으로 바꾸고 켜짐을 꺼짐으로 변경한다. 다음은 제1 관절에 대한 파라미터로서 2를 1로, 2048은 -2048으로, 2번은 3번으로 바꾸고 켜짐을 꺼짐으로 변경한다.

❙ 프로그램 실행

mBlock을 사용한 블록코딩이 완료되었으면 풀다운 메뉴의 연결을 선택하여서 시리얼 포트의 연결을 확인하고 풀다운 메뉴에서 편집을 선택하고 아두이노 모드를 선택한다. 아두이노에 업로드를 선택하면 블록코딩된 프로그램을 컴파일하고 아두이노 보드로 전송한다. 프로그램의 업로드가 완료되면 제1 관절에 해당하는 스테핑모터가 회전하고 3번 핀에 연결된 LED가 점등되고 2초 후에는 제2 관절에 해당하는 스테핑모터가 회전하며 2번 핀에 연결된 LED가 점등한다. 2초 후에는 제2 관절의 모터가 반대방향으로 회전하고 LED가 소등, 다음은 제1 관절에 해당하는 스테핑모터가 반대방향으로 회전하고 2번 핀에 연결된 LED가 소등한다.

6.4.2 아두이노 IDE로 편집하기에 의한 스텝모터 2개 제어

▌목표

그림 6.30의 전기회로를 사용하고 그림 6.31에서 작성한 블록코딩의 아두이노 IDE로 편집하기를 활용하여 스텝모터 2개와 2개의 LED를 제어하는 아두이노 스케치 프로그램을 작성한다.

▌아두이노 IDE로 편집하기

그림 6.31과 같이 mBlock에서 작성된 블록코딩을 아두이노 모드로 전환하고 "아두이노 IDE 편집하기"를 선택하여 아두이노 스케치를 기동시켜서 프로그램을 수정 및 추가한다.

그림 6.32는 2개의 스텝모터와 2개의 LED를 제어하는 블록코딩을 아두이노 모드로 전환하고 우측 상단의 아두이노 IDE로 편집하기를 실행하여 아두이노 스케치를 기동시킨 상태이다. 아두이노 스케치에서 필요로 하는 #include "Stepper.h"와 스텝모터와 연결된 핀 선언에 해당하는 Stepper stepper_1(1500, 8, 10, 9, 11); Stepper stepper_2(1500, 4, 6, 5, 7); 부분과 void setup(){....}과 void loop(){....}부분을 복사하여서 일부를 다음과 같이 수정한다.

그림 6.32
아두이노 IDE로 편집하기

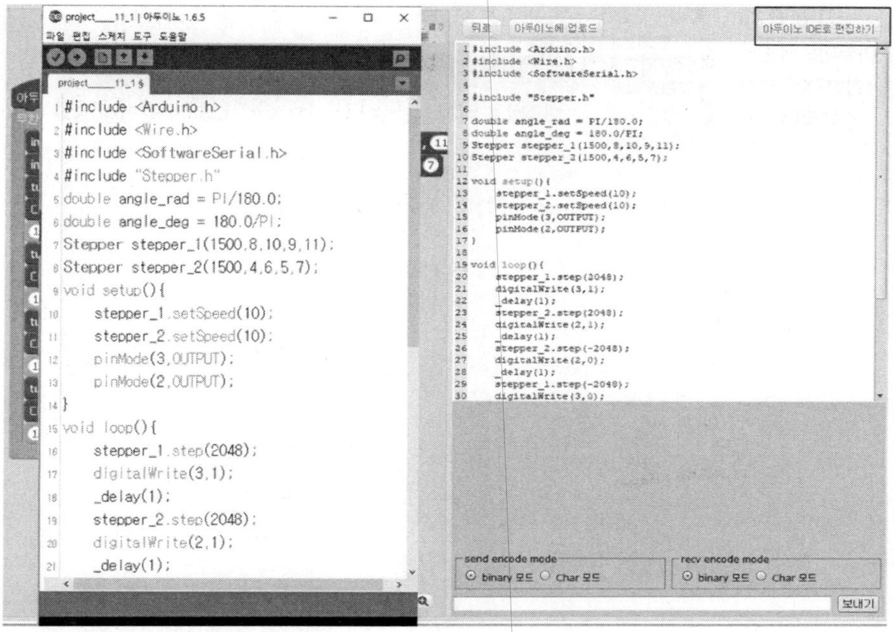

```
#include "Stepper.h"
Stepper stepper_1(1500, 8, 10, 9, 11);
Stepper stepper_2(1500, 4, 6, 5, 7);
void setup(){
   stepper_1.setSpeed(10);
   stepper_2.setSpeed(10);
   pinMode(3, OUTPUT);
   pinMode(2, OUTPUT);
}
void loop(){
   stepper_1.step(2048);
   digitalWrite(3, 1);
   delay(1000);
   stepper_2.step(2048);
   digitalWrite(2, 1);
   delay(1000);
   stepper_2.step(-2048);
   digitalWrite(2, 0);
   delay(1000);
   stepper_1.step(-2048);
   digitalWrite(3, 0);
   delay(1000);
}
```

그림 6.33 아두이노 IDE로 편집하기에 의한 스텝모터 2개 제어

project___11_1 | 아두이노 1.6.5

파일 편집 스케치 도구 도움말

project___11_1

```
#include "Stepper.h"
Stepper stepper_1(1500,8,10,9,11);
Stepper stepper_2(1500,4,6,5,7);
void setup(){
    stepper_1.setSpeed(10);
    stepper_2.setSpeed(10);
    pinMode(3,OUTPUT);
    pinMode(2,OUTPUT);
}
void loop(){
    stepper_1.step(2048);
    digitalWrite(3,1);
    delay(1000);
    stepper_2.step(2048);
    digitalWrite(2,1);
    delay(1000);
    stepper_2.step(-2048);
    digitalWrite(2,0);
    delay(1000);
    stepper_1.step(-2048);
    digitalWrite(3,0);
    delay(1000);
```

컴파일 완료

전역 변수는 (3%)의 동적 메모리중 65바이트를 사용, 1,983바이트의 지역변수가 남은. 최대는 2,048 바이트.

▌프로그램 실행

풀다운 메뉴에서 스케치를 클릭하여 업로드를 선택하면 컴파일하고 업로드가 실행된다. 제1 관절용 스텝모터가 360[°] 회전하고 3번 핀에 연결된 LED가 점등하고 1초 후에는 제2 관절용 스텝모터가 360[°] 회전하며 2번 핀에 연결된 LED가 점등한다. 1초 후에는 제2 관절, 제1 관절용 스텝모터 순서로 반대방향으로 회전하고 LED는 순차적으로 소등된다.

6.4.3 좌표변환에 의한 스텝모터 2개 제어

▎목표

스텝모터 2개를 사용하여 각도를 제어하는 그림 6.30의 전기회로를 사용하여 직교좌표에서 목표위치를 설정하고 그 값을 관절좌표로 변환하여 회전각도를 제어하는 아두이노 스케치 프로그램을 작성한다.

▎좌표변환

그림 6.34는 2개의 스텝모터를 사용하는 2자유도 매니퓰레이터와 오픈루프 제어계를 나타낸다. 직교좌표 상에 나타내는 각 관절의 회전각도와 매니퓰레이터의 길이를 사용하여 회전각도를 사용하여 직교좌표의 x, y를 다음의 삼각함수를 사용하여 구할수 있다.

$$x = r_1\cos(\theta_1) + r_2\cos(\theta_1 + \theta_2) \tag{6.10a}$$

$$y = r_1\sin(\theta_1) + r_2\sin(\theta_1 + \theta_2) \tag{6.10b}$$

$$p = \sqrt{x^2 + y^2} \tag{6.10c}$$

위의 식은 관절좌표 값을 사용하여 직교좌표 값으로 변환하는 좌표변환 식을 나타내는 것이고 다음은 직교좌표 상에서 목표치를 부여하여 관절좌표의 목표각도를 생성하는 좌표변환 식을 알아본다.

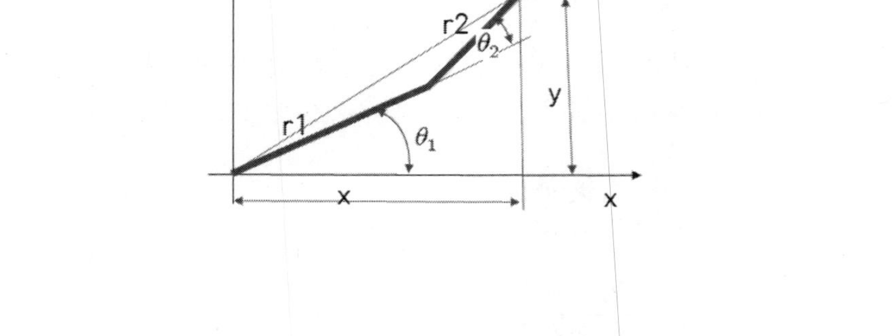

그림 6.34 스텝모터를 가진 2자유도 매니퓰레이터

대각선 길이를 구하는 식(6.10c)에 삼각함수의 덧셈공식 식(6.3)을 식(6.2)에 대입하여 정리하면 미지수는 $\cos\theta_2$만 남으므로 이를 구하고, 미지수인 $\cos\theta_2$를 $\cos^2\theta_2 + \sin^2\theta_2 = 1$의 관계식에 대입하여 정리하면 $\sin\theta_2$ 를 구할 수 있다.

$$\cos\theta_2 = \frac{p^2 - (r_1^2 + r_2^2)}{2r_1 r_2} \tag{6.11a}$$

$$\sin\theta_2 = \pm\sqrt{1 - \cos^2\theta_2} \tag{6.11b}$$

직교좌표 상에서 주어지는 목표치 x, y와 각 관절의 길이 r_1, r_2를 사용하여 미지수인 $\cos\theta_2$를 구하고 이를 위의 식에 대입하면 $\sin\theta_2$를 구할 수 있다. 따라서 제2 관절의 목표값은 $\tan\theta_2$를 사용하여 구하면 다음과 같다.

$$\theta_2 = \tan^{-1}\left(\frac{\sin\theta_2}{\cos\theta_2}\right) \tag{6.12}$$

제2 관절의 목표 각도를 구하였으므로 다음은 제1 관절의 목표 각도를 구하기 위해서는 직교좌표를 나타내는 식(6.10)에 삼각함수의 덧셈공식인 식(6.3)을 대입하여 정리하면 행렬식(6.6)과 식(6.7)으로 표현되고 이를 활용하여 제1 관절의 목표 각도를 구하면 다음과 같다.

$$\cos\theta_1 = \frac{(r_1 + r_2\cos\theta_2)x + r_2\sin\theta_2 y}{(r_1 + r_2\cos\theta_2)^2 + (r_2\sin\theta_2)^2} \tag{6.13a}$$

$$\sin\theta_1 = \frac{-r_2\sin\theta_2 x + (r_1 + r_2\cos\theta_2)y}{(r_1 + r_2\cos\theta_2)^2 + (r_2\sin\theta_2)^2} \tag{6.13b}$$

$$\theta_1 = \tan^{-1}\left(\frac{\sin\theta_1}{\cos\theta_1}\right) \tag{6.13c}$$

제1 관절의 목표 각도를 구한 식(6.12)와 제2 관절의 목표각도를 구한 식(6.13c)을 사용하여 각 관절에 부여하는 제어량(스텝모터의 펄스량)을 구하면 다음과 같다.

$$ct_{1r} = \frac{\theta_1 \times 2048}{360} \tag{6.14a}$$

$$ct_{2r} = \frac{\theta_2 \times 2048}{360} \tag{6.14b}$$

▌좌표변환 및 제어량 계산

직교좌표 상에서 목표치 x_r, y_r이 주어지면 식(6.12)와 식(6.13c)를 사용하여 θ_{1r}, θ_{2r}을 계산하고 다시 이 값을 사용하여 제1 관절과 제2 관절의 제어량인 ct_{1r}, ct_{2r}을 식(6.14)에서 계산하여 스텝모터에 입력한다. 스텝모터가 회전하면 발생하는 회전 각도 θ_1, θ_2은 회전각을 측정하는 센서값이 되고 식(6.1)에 의하여 직교좌표 x, y로 변환된다. 아두이노 스케치를 사용하여 좌표변환을 하고 그 값을 시리얼 모니터에 출력하기 위한 프로그램은 다음과 같다.

```
double angle_rad= PI/180.0;
double angle_deg= 180.0/PI;
double xr=30, yr=15;
void setup(){
   Serial.begin(9600);
}
void loop(){
   double angle01, pulse01, angle02, pulse02, xx, yy;
   double cos01, cos02,sin01,sin02;
   cos02 = (xr*xr+yr*yr-400-15*15)/(2*20*15);
   sin02 = sqrt(1-cos02*cos02);
   cos01=((20+15*cos02)*xr+15*sin02*yr)/((20+15*cos02)
     *(20+15*cos02)+(15*sin02)*(15*sin02));
   sin01=(-15*sin02*xr+(20+15*cos02)*yr)/
    ((20+15*cos02)*(20+15*cos02)+(15*sin02)*(15*sin02));

   angle01 = angle_deg*atan2(sin01,cos01);
   angle02 = angle_deg*atan2(sin02,cos02);

   pulse01 = int(angle01*2048/360);
   pulse02 = int(angle02*2048/360);

   xx = 20*cos(angle01*angle_rad)+15
            *cos((angle01+angle02)*angle_rad);
   yy = 20*sin(angle01*angle_rad)+15
            *sin((angle01+angle02)*angle_rad);

   Serial.print("angle01= ");    Serial.println(angle01);
            //제1 관절 목표각
   Serial.print("angle02= ");    Serial.println(angle02);
            //제2 관절 목표각
   Serial.print("pulse01= ");    Serial.println(pulse01);
            //제1 관절 제어량
   Serial.print("pulse02= ");    Serial.println(pulse02);
            //제2 관절 제어량
```

```
    Serial.print("x= "); Serial.println(xx);
                //제1 관절 회전각
    Serial.print("y= "); Serial.println(yy);
                //제2 관절 회전각
    Serial.println("");
    delay(2000);
}
```

그림 6.35는 아두이노 스케치에서 좌표변환하여 스텝모터를 제어하는 프로그램을 업로드하고 실행한 상태를 나타낸다. 직교좌표 상에서 목표치 $x_r = 30$, $y_r = 15$를 입력할 경우에 제1 관절과 제2 관절의 스텝모터 목표 각도는 $\theta_{1r} = 12.25$, $\theta_{2r} = 33.56$를 계산하고 이어서 제어량 $ct_{1r} = 69$, $ct_{2r} = 190$으로 계산하여 스텝모터에 입력되고 스텝모터가 회전한다.

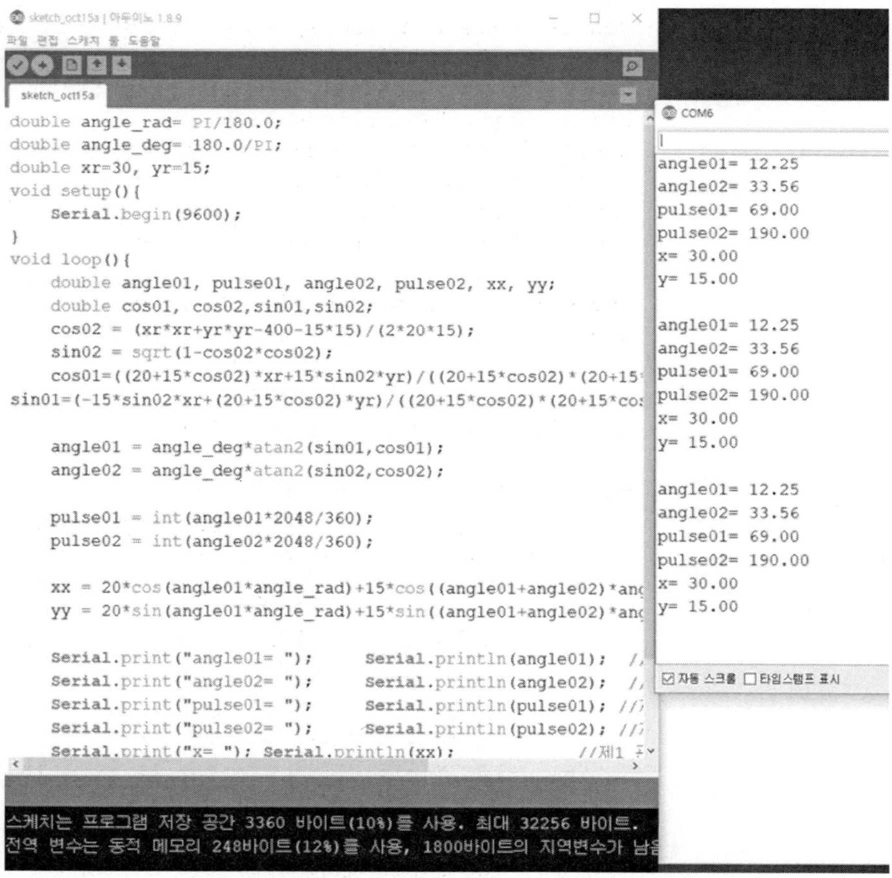

그림 6.35 좌표변환 프로그램과 실행상태

▌스텝모터 2개 제어 프로그램 작성

직교좌표 상에서 목표치 $x_r = 30$, $y_r = 15$이 주어지면 제어기에서는 직교좌표를 $\theta_{1r} = 12.25$, $\theta_{2r} = 33.56$으로 관절좌표로 변환한다. 관절좌표의 목표값을 제어량 $ct_{1r} = 69$, $ct_{2r} = 190$으로 계산하여 스텝모터를 제어하기 위해서 그림 6.35의 좌표변환 프로그램에서 스텝모터 제어에 필요한 부분을 추가하여 작성하면 다음과 같다.

```
#include <Stepper.h>
double angle_rad= PI/180.0;
double angle_deg= 180.0/PI;
double xr=30, yr=15;
Stepper step1(2048, 8, 10, 9, 11);
Stepper step2(2048, 4, 6, 5, 7);

void setup(){
    Serial.begin(9600);
      step1.setSpeed(5);
      step2.setSpeed(5);
      pinMode(2,OUTPUT);
      pinMode(3,OUTPUT);
}

void loop(){
      double angle01, pulse01, angle02, pulse02, xx, yy;
      double cos01, cos02,sin01,sin02;
      cos02=(xr*xr+yr*yr-400-15*15)/(2*20*15);
      sin02=sqrt(1-cos02*cos02);
    cos01=((20+15*cos02)*xr+15*sin02*yr)/((20+15*cos02)
             *(20+15*cos02)+(15*sin02)*(15*sin02));
    sin01=(-15*sin02*xr+(20+15*cos02)*yr)/((20+15*cos02)
             *(20+15*cos02)+(15*sin02)*(15*sin02));

      angle01=angle_deg*atan2(sin01,cos01);
      angle02=angle_deg*atan2(sin02,cos02);
      pulse01=int(angle01*2048/360);
      pulse02=int(angle02*2048/360);

      step1.step(pulse01); digitalWrite(2,1);
      step2.step(pulse02); digitalWrite(3,1);
                          // 오른쪽으로 회전
      delay(1000);        // 1초 대기
      step1.step(-pulse01); digitalWrite(2,0);
```

```
    step2.step(-pulse02); digitalWrite(3,0);
                                // 왼쪽으로 회전
    delay(1000);               // 1초 대기

    xx=20*cos(angle01*angle_rad)+15
          *cos((angle01+angle02)*angle_rad);
    yy=20*sin(angle01*angle_rad)+15
          *sin((angle01+angle02)*angle_rad);

    Serial.print("angle01= "); Serial.println(angle01);
    Serial.print("angle02= "); Serial.println(angle02);
    Serial.print("pulse01= "); Serial.println(pulse01);
          //제1 관절 제어량
    Serial.print("pulse02= "); Serial.println(pulse02);
          //제2 관절 제어량
    Serial.print("x= "); Serial.println(xx);
    Serial.print("y= "); Serial.println(yy);
    Serial.println("");
}
```

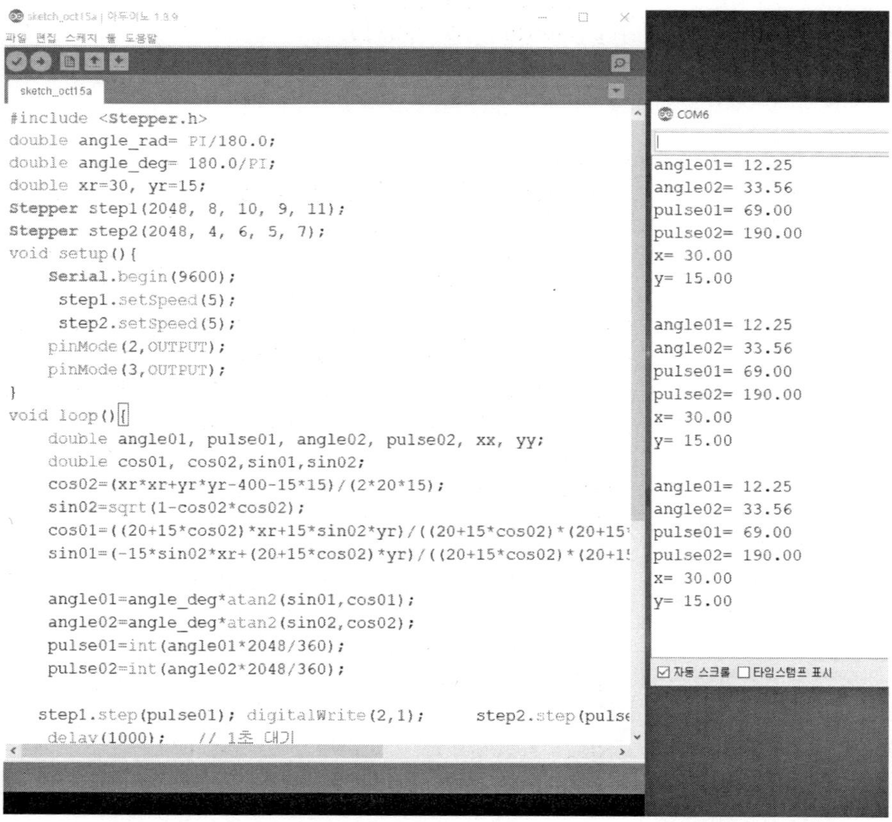

그림 6.36 좌표변환에 의한 스텝모터 2개 제어

▌프로그램 실행

풀다운 메뉴에서 스케치를 클릭하여 업로드를 선택하면 컴파일하고 업로드가 실행된다. 직교좌표 상에서 목표치 $x_r = 30$, $y_r = 15$이 주어지면 제어기에서는 직교좌표를 $\theta_{1r} = 12.25$, $\theta_{2r} = 33.56$으로 관절좌표로 변환하고 제어량 $ct_{1r} = 69$, $ct_{2r} = 190$으로 계산한다. 제어량을 각각의 스텝모터에 입력하면 스텝모터가 회전하고 제1 관절용 스텝모터가 12.25 [°] 회전하고 3번 핀에 연결된 LED가 점등하고 제2 관절용 스텝모터가 33.56 [°] 회전하며 2번 핀에 연결된 LED가 점등한다. 1초 후에는 제1 관절, 제2 관절용 스텝모터는 원점으로 복귀하면서 LED는 소등된다.

초급편

블록코딩과 아두이노

1판 2쇄 2021년 3월 10일

저 자 박정규
발행인 송광헌
발행처 복두출판사
주 소 서울특별시 영등포구 경인로82길 3-4
센터플러스 807호 (우) 07371
전 화 02-2164-2580
FAX 02-2164-2584
등 록 1993. 11. 22. 제 10-902 호

정가 : 12,000원

ISBN : 979-11-5906-613-9 93560

한국과학기술출판협회 회원사

* 본 도서의 자료 업데이트가 있을 경우 본사 홈페이지 자료실에 업로드 됩니다. 정기적으로 들러서 유익한 자료를 받아가시기 바랍니다.